JN249343

北都 光 経済ジャーナリスト
HIKARU HOKUTO

アルク

はじめに

「米国株投資に興味を示す人が増えてきた」「ブラジルの通貨レアル建ての投資信託が人気」……。金融の世界で取材していると、外貨建ての資産、いわゆる「外(そと)モノ」の金融商品に対する関心が高まっているのを実感します。

国内景気の長引く停滞で低金利が長期化。年金不安の高まりも後押しし、多くの投資家が海外へ目を向け始めました。ただ、外モノへの投資には、国内の金融商品の投資とは異なるリスクがつきもの。その代表例は為替相場の変動に伴い、資産が目減りしてしまう可能性です。慎重な対応が求められるのは言うまでもありません。

関連情報を手に入れる難しさもリスクの1つではないでしょうか。外貨建ての資産におカネを振り向けようとすれば、当該国の情報が欲しいと考えるでしょう。最近は外貨建て資産に対するニーズの高まりを背景に、海外の金融市場に関する日本語の情報もあふれています。

それでも、すべてを網羅しているわけではありません。日本語に翻訳される情報の量はかぎられているように感じます。

日本語に直すと、原文にあった特有のニュアンスが伝わらなくなってしまうこともあります。海外の言語に慣れ親しんでいると、そうしたケースに遭遇することも少なくないでしょう。

幸い、インターネットの世界的な普及で「一次情報」に直接アクセスできる機会は以前に比べると飛躍的に増加しました。ただ、その際にネックになるのが言語の壁です。検索で目的の外国語のサイトにたどり着いても、表示されている情報が理解できず、その先へ進むのを断念したという経験をお持ちの方もいるかもしれません。

本書では対象を英語の情報に限定。資産運用のパフォーマンス向上に有用とみられる統計などの英語情報について解説しています。高度な英語力がなくてもそうした情報にアクセスすることができるよう、どこをクリックしたらいいかといった手順に関しても説明を加えました。

1人でも多くの方の運用成果向上のために

本書は4つの章で構成されています。第1章では、資産運用を行う際になぜ英語情報に接することが有益であるのかあらためて説明しました。株式のトレーダーや外国為替市場のディーラー、エコノミストなど金融市場の「プロ」が日常接している英語情報についても取り上げています。

第2章では米国の指標を中心に、金融マーケットが注視している経済統計をピックアップ。指標の概要や特性に触れるだけでなく、アクセスの仕方についても紹介しています。

第3章では前章で取り上げた指標の投資への活用法などを説明。株価や世論調査のデータ、要人発言など統計以外にチェックしておきたい英語情報の見方などにも幅広く触れています。

第4章は資産運用に役立ちそうな経済・金融関連の英語の用語200を取

り上げました。経済ニュースや公的機関の発表するステートメントなどには専門用語が頻繁に使われています。リストに掲載された語句を知っておけば、経済・金融関連情報に対する理解度も深まることと思います。

本書は、必ず第1章から順に目を通さなければならないということはありません。ご自分が関心のあるトピックからお読みください。1人でも多くの方の運用成果向上につながれば幸いです。

2018年1月

北都 光

////Contents

◎参考文献

『金融英語の基礎と応用 すぐに役立つ表現・文例1300』(鈴木立哉、講談社)

『英語で分かる景気指標の読み方・覚え方40日間トレーニング』(小宮一慶、アルク)

『ウォールストリート・ジャーナル式 経済指標 読み方のルール』(サイモン・コンスタブル、ロバート・E・ライト、かんき出版)

Investopedia　https://www.investopedia.com

日本取引所グループ　http://www.jpx.co.jp

ブルームバーグ・ニュース　https://www.bloomberg.co.jp

シカゴ・マーカンタイル取引所(CME)グループ　http://www.cmegroup.com

米商品先物取引委員会　http://www.cftc.gov

※本書は2017年12月時点の情報に基づいています。

・本文中で紹介しているウェブサイトの内容や統計データの数値は変更・更新される場合がありますので、あらかじめご了承ください。

・投資の判断にあたっては、最新の情報をご確認の上、ご自身の責任で行っていただきますようお願いいたします。

※各ウェブサイトの該当ページへのアクセス方法は、Google Chromeで見た場合のものです。ほかのブラウザで見た場合は見え方や手順が異なることがあります。

※第2章、第3章の「語句」リスト、第4章の各単語・語句の意味は、本書で紹介している文脈などに沿ったもののみを掲載しています。

Chapter One 第 1 章

プロが見ている英語のメディアと情報

資産運用で、海外情報にも目を向けるメリット

資産運用に対する関心が高まってきました。「貯蓄から投資へ」といった言葉を耳にした方も少なくないでしょう。超低金利時代が続いているのがその一因です。300万円を銀行に1年預ける場合の金利を調べてみると、大口定期では条件付きで年0.80%という金利を付けている金融機関もありますが、いわゆるメガバンクは同0.01%。つまり、利息は年間で300円にすぎません（2017年12月10日時点）。預貯金に回しているだけではおカネが増えない時代が長期化しているのです。

年金への不安も、資産運用に対して興味を持ち始めた人が増えている理由の1つです。日本の年金は「世代間扶養」と呼ばれる方式。現役世代の掛け金で年金を受け取る世代を支える仕組みです。ところが、少子高齢化の本格到来に伴い、老後の生活を年金だけに頼ることができないとの懸念が強まっています。

「生活に必要なおカネは自ら稼ぐ」。将来に対する危機感を背景に、多くの人が資産運用の選択肢の1つとして、元本割れのリスクがある株式などにも目を向け始めているのです。

海外情報が「転ばぬ先のつえ」になる

資産運用に取り組む際には、「分散投資が重要」などとよくいわれます。1つの金融資産だけにおカネを集中させてしまうと、投資した資産の価

格が下落した場合、損失が膨らむ恐れがあるためです。異なる値動きをする複数の資産で運用していれば、1つの金融商品の値下がりによる損失を別の商品の値上がりで相殺できるかもしれません。

おカネを複数の資産に分散するにあたり、選択肢の1つとして検討する人が増えているのが外貨建ての資産です。インターネットの普及で、海外の株式への投資などは以前に比べれば簡単にできるようになりました。海外の資産を組み入れ対象にした投資信託商品も増えています。海外の銀行の預金には、日本の金融機関を大幅に上回る金利を提示しているものが少なくありません。外貨建て商品への投資を通じた資産形成の動きは今後さらに活発化していくとみられます。

外資建ての資産に投資する場合には、むろん為替相場の変動によるリスクを考慮することがとても大事です。経済基盤の脆弱（ぜいじゃく）な国の債券に投資しようとすれば、デフォルト（債務不履行）によって運用していたおカネが戻ってこなくなる可能性なども頭に入れておく必要があります。だからこそ、外貨建ての金融商品の投資では、海外の情報に接することが大切なのです。そうすれば、さまざまなリスクを事前に察知し、回避することができるかもしれません。海外からの情報が「転ばぬ先のつえ」になり得るというわけです。

自ら積極的に英語の金融情報などに触れようという姿勢は、外貨建ての商品を取り扱う金融機関側にも求められています。あるネット銀行の幹部は営業担当者に「外貨を扱うならグローバルな視点を持とう」とハッパを掛けているといいます。

「海外勢の目」で考えることが勝利への近道

海外情報の活用が重要なのは、外貨建て資産への投資にかぎったことではありません。日本株へ資金を振り向ける際にも英語情報などに接することが有用なのです。

それは、日本の株式市場においても、外国人投資家がメインプレーヤーであるからです。海外勢の売買シェアは通常、全体の6〜7割程度を占めるといいます。ひと口に「外国人」といってもその主体はさまざまです。ヘッジファンドのような比較的短期で売買を行う投資家もいれば、中長期のスタンスで日本株に資金を振り向ける巨大な年金基金、中東諸国をはじめとした政府系ファンド（SWF）など多くのプレーヤーが日本株市場に参戦しています。

外国人が買い出動すれば日本株は上昇。売りに転じると株価も下落することが珍しくありません。海外勢の姿勢が相場の趨勢（すうせい）を決めるといっても過言ではないでしょう。

2012年11月からスタートした「アベノミクス相場」でも、海外勢がマーケットの牽引役を演じました。当時の野田首相が衆議院解散を宣言したのをきっかけに上昇。日本株市場の代表的な指標である日経平均株価は8,600円台から2015年夏には2万1,000円近い水準までハネ上がりました。この間、海外勢による日本株の買い越し額は累計で24兆円に膨らんだのです。

▶日経平均株価と日本の主要株式市場における外国人投資家の買い越し・売り越し額（2008年7月〜）

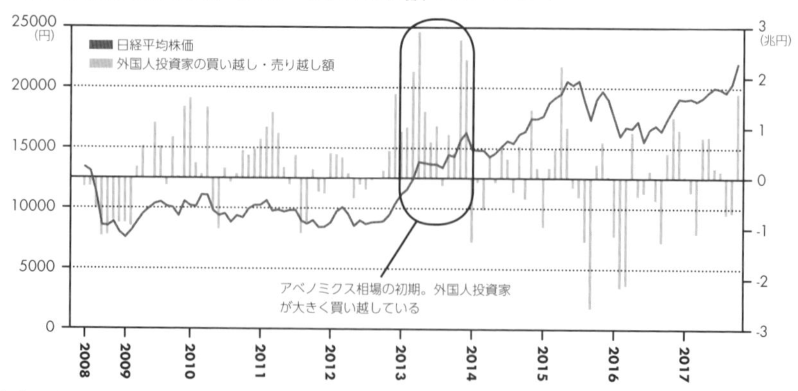

出所：日本経済新聞社「日経平均プロフィル」（https://indexes.nikkei.co.jp）、日本取引所グループ（http://www.jpx.co.jp）
※日経平均株価は日本経済新聞社の著作物です

外国人投資家は自国の経済情勢や金融市場の動向などに大きな影響を受けます。米国の投資家ならば、まずは米国の金融市場を中心に考えるはずです。例えば、米国の株式や国債などに投資資金を振り向け、残りのおカネを海外の資産に回すといった具合です。もちろん、すべての投資家がそうしているというわけではありませんが……。

となると、海外へ資金を振り向けるかどうかは自国の株式相場のパフォーマンスなどに大きく左右されるはずです。米国株市場が上昇すれば、保有する株式に含み益が生じ、日本株におカネを振り向ける余力が出てくるでしょう。逆に、米国株が下落すれば、日本株にまでおカネを振り向ける余裕などなくなってしまうかもしれません。

彼らが気に掛けているのは株式相場の動向だけではありません。米国で金融政策当局による政策金利の引き上げ（＝利上げ）の観測が台頭すると、通常ドル高に振れやすくなると考えられます。こうした状況下で海外の商品へ投資しようとすれば、ドルの上昇に伴って資産が目減りするリスクも覚悟しなければならないでしょう。

金融市場の価格には世界の経済・政治情勢だけでなく、ありとあらゆる事象が反映されています。このため、海外勢は高い投資成果を収めようと、四方にアンテナを張りめぐらせているのです。

外国人投資家が取得している英語の情報に自らも接し、それを参考に投資判断を下す。「海外勢の目」で考えることが勝利への近道というわけです。英語情報もチェックしておくメリットはここにあります。

英語サイトで海外勢の売買動向を確認

日本の株式市場に定着した投資尺度の1つに株主資本利益率（ROE）と呼ばれるものがあります。収益力を測る物差しで、株主から預かったおカネ（株主資本）を有効活用してどれだけ利益を上げられるかを判断する指標です。

ROEは「純利益÷株主資本」で算出。一部では「8%」以上が合格点などとされています。米国では「会社は株主のもの」という考えが日本に比べて強いため、ROEがかねて重視されてきました。「企業が株主に対してどれだけ報いているか」を見極めようという投資家側の強い意志の表れといえるでしょう。

それに比べると、「会社は株主のもの」との意識が希薄とされてきた日本では、ROEのコンセプトの普及が遅れていました。しかし、最近は「ROE経営」などを声高に叫ぶ企業が増加。機関投資家にも企業側にROEを高めるよう求めるといった姿勢の変化が見られます。日本に浸透するようになったそもそもの要因は、株式相場のメインプレーヤーである海外の投資家が物差しとして重視しているからにほかなりません。

ROEを高めるには分子の純利益を増やすか、分母の株主資本を減らすかのいずれかが必要です。日本の企業は以前に比べると、配当や自己株買いなどの株主還元にもかなり積極的になってきた感があります。実はこれも、ROEを重視した経営の1つの表れです。

企業が計上した利益をどう使うのか、海外の投資家は厳しい目を光らせています。成長ステージにあるならば、内部留保として一時的に蓄積し、将来への飛躍に必要な設備投資に充てるのも構わない。しかし、成長から成熟の段階へと入ったのであれば、配当など株主還元に資金を振り向けるべきだ。こうした海外投資家の考え方が日本企業の方向転換を促しているといえます。

第3章で詳しく説明しますが、欧米中心に広がる、環境に配慮した企業などにおカネを振り向ける対象を絞り込んだ「ESG投資」も日本で脚光を浴びるようになりました。こうした点からも「海外勢の目」で考えることが投資成果向上には欠かせません。

ただ、海外から「輸入」された投資の考え方や手法に関連する情報にはやはり英語のものが多く、日本語で取得できるものはかぎられているのが現状です。例えば、外国人投資家がどのような銘柄を保有しているかチェックしたければ、英語のサイトにアクセスしたほうがより多くの情報に接することができます。

ノルウェー政府年金基金は世界最大のSWF。潤沢な石油収入を世界の株式や債券の投資に振り向けており、多くの日本企業の株式も保有しています。保有するのは2016年末時点で1,443社の日本企業の株式。保有額は4,316億クローネ（約5兆8,360億円）に達しています。

同年金基金が保有する1,443社の内訳や保有額は英語のサイトで確認することができます。「NORGES BANK INVESTMENT MANAGEMENT」（ノルウェー中央銀行投資管理部門、https://www.nbim.no）というホームページにアクセス。トップ画面上部の「INVESTMENTS」（投資）というタブをクリックし、さらに「SEE ALL INVESTMENTS」（すべての投資を見る）をクリックすると、世界地図が現れます。

世界地図をクリックした後、日本地図にカーソルを合わせてクリックすると、「EQUITIES」（株式）と「FIXED INCOME」（債券）の保有額が出てきます。次に「EQUITIES」の「INVESTMENTS」をクリックすれば、1,443社のアルファベット順のリストにたどり着きます。

各社の社名をクリックすると、保有額や保有比率が分かります。トヨタ自動車（Toyota Motor Corp）の保有額は167億クローネ（約2,260億円）で同比率は1.01％。2002年からの保有額の推移もグラフで表示されています。

「海外勢の目」で考えるだけでなく、「海外勢の目」がどこを向いているのか確認するためにも英語のサイトなどに接することをお勧めします。

ノルウェー中央銀行投資管理部門のサイト。ノルウェー政府年金基金が保有する日本の株式・債券保有総額が表示されている

金融市場に及ぼす影響が大きい海外の経済指標・情報

資産運用のスタイルはさまざま。短期間で株式の売り買いを繰り返したり、外国為替証拠金取引（FX）で高いレバレッジをかけて短期の値幅取りを狙ったりする人もいれば、金融商品を購入したら日々の価格変動など気にせず長期にわたって資金を寝かせたままという方針を貫く人もいるでしょう。

むろん、どちらが良いか悪いかということに本書で触れるつもりはまったくありません。相場観の異なる投資家が幅広く金融市場に参加するのはむしろ望ましいこととされています。証券投資理論などによると、さまざまな相場観を持つ投資主体の参加がマーケットの「価格発見機能」、すなわち取引されている金融資産などの適正な価格を反映する機能の円滑化につながるともいわれています。ただ、本書ではどちらかといえば、中長期のスタンスで資産運用をしている方を主な対象に、投資に役立つ海外の経済統計やその活用法などを説明したいと思います。

多くの投資家が注目する海外情報とは？

本書では「外国人投資家を中心に多くの金融市場の参加者が注目している」という基準で、海外の経済指標・統計、国際機関による経済予測、各国の金融当局や中央銀行による発表など、チェックしておくと便利な経済情報をできるだけ幅広く取り上げるようにしました。

多くの市場関係者が注視する米労働省発表の雇用統計は、経済専門のメディアにかぎらず、一般のメディアなどでもしばしば結果が報道される最重要指標といえるでしょう。米供給管理協会（ISM®）公表の製造業景況指数（PMI®）は日本のメディアの関心が今一つのようにも思えますが、マーケットでの扱いは「雇用統計並み」といえるかもしれません。

米国のシカゴ・オプション取引所（CBOE）算出の「恐怖指数」、ボラティリティー・インデックス（VIX）や米商品先物取引委員会（CFTC）が公表している投機筋のポジションのデータは、「マーケット寄り」の指標として押さえておきたいところです。

原油、金など海外の商品（コモディティー）関連のデータも目配りが大切です。おカネが金融商品の垣根を越えて自由に動き回るようになった今、お互いの価格形成に大きな影響を及ぼすからです。

市場の動向に及ぼす影響が高い情報を選択

どの金融資産におカネを振り向ければ運用のリターンを最大限にできるかを考慮する際に欠かせないのが将来予測のデータ。金融市場には当該国・地域の経済実体が映し出されます。成長が見込める地域の金融資産におカネを傾斜配分すれば、おのずとパフォーマンスは高まるはず。国際機関などが公表している将来予測データの探し方、見方だけでなく、活用法についても説明しています。

本書で一切触れなかった経済指標にも重要なものが少なくないと思います。米国の統計だけでも小売売上高、消費者物価、鉱工業生産……。挙げれば切りがありません。「なぜ、この指標を取り上げなかったんだ」などと疑問に思う方もいるでしょう。資産運用の一助にしていただきたいという本書の狙いを踏まえ、あくまでも現在の時点で金融マーケットの動向に及ぼす影響が高いとみられる情報を中心に選ぶよう心掛けたつもりです。

「勝ち馬に乗る」ことが資産拡大につながる

「海外勢の目」で考えるには彼らの動きを把握するのも大事です。金融市場の参加者には、本書で紹介する海外指標の発表などを待ち構えて、公表されたのを機に積極参戦する向きも少なくありません。しかし、海外のヘッジファンドなど短期勝負を仕掛けるマーケットの「プロ」と日本の個人投資家が同じ土俵でたたかうのは簡単ではないでしょう。インターネットの普及などに伴い、情報に接するまでの時間の格差は大幅に縮まったものの、入手できる情報量には依然として大きな開きがあります。

それでも、たとえヘッジファンドと競い合うことはできなくても、彼らの動き自体を知っておくのは決して損なことではありません。彼らが売り買いどちらに持ち高（ポジション）を傾けているかによって相場の方向が変わってしまうのは珍しくないからです。そうした投資行動の背景には彼らなりの経済全般や相場に対する見方もあるはず。それは、中長期で運用のパフォーマンス向上を目指す海外の年金基金などにも当てはまることです。「勝ち馬に乗る」ことが自らの資産拡大につながることもあるでしょう。

株式投資に関心の深い人たちの間で、外国人投資家の動向をチェックする統計として知られるのは、東京証券取引所が公表する「投資部門別株式売買状況」です。これを見ると、海外勢が日本株をどの程度売り買いしているかが分かります。公表は毎週第4営業日、つまり原則として木曜日。午後3時に前週分が東証（日本取引所グループ）のホームページに掲載されます。

財務省が発表している「対外及び対内証券売買契約等の状況」というデータでも海外勢の動向をつかむことが可能です。東証の発表データは東証ならびに名証（名古屋証券取引所）の2取引所の売買のみを対象としているのに対し、財務省の公表数字は両取引所以外やいわゆる市場外での取引分などもカウントされています。ただ、日本の市場関係者の注目度という点では、東証のデータのほうが高いといえるでしょう。

日々の外国人の売買動向を知りたければ、通信社などが配信している「外国証券の寄り付き前の注文動向」が参考になるといわれています。これは外国証券5社経由の売買注文をまとめたもので、外国人が売り買い差し引きで買い越しになっていれば相場全般も高くなりそう、などといった見方もできるでしょう。もっとも、市場関係者には「外国人投資家は外国証券だけでなく日本の証券会社経由でも注文を出しているため、彼らの動向を的確には反映していない」との指摘もあります。

プロがチェックしている英語サイト、英語情報

経済の専門家や金融市場の関係者は海外の英語情報などをどのように入手しているのでしょうか。その接し方はさまざまです。外国為替のディーラーやストラテジスト（投資戦略を立てる専門家）などマーケットとの「距離」が近い人は、日々の値動きを絶えずチェックしています。このため、アンテナを全方位に張りめぐらし、価格形成に影響を与えそうなあらゆる事象のカバーを怠りません。

「どのような英語のマーケット関連情報のサイトに目を通しているのか」と聞くと、多くの金融市場関係者が「頻繁に利用している」と口をそろえるのが「Investopedia」（インベストペディア、https://www.investopedia.com）です。米国ニューヨーク郊外に本社のあるIACというメディア・ネット関連企業が運営する150あまりのサイトの1つ。投資の初心者からファイナンシャル・アドバイザーに至るまで、あらゆるレベルの投資家を対象にした金融教育のサイトです。毎月のページビューは6,000万以上を数えます。

同サイトでは金融関連のニュースや情報なども提供していますが、目玉ともいえるのが辞書機能。インベストペディアが「金融用語のウィキペディア」などと称されるゆえんです。

すでに定着した用語の意味を確認するのであれば、日本語のウェブサイトで間に合いそうです。ただ、例えばアメリカで生まれて、まだ日本ではあまり使われていない新語などの定義を調べるのには役立つでしょ

う。当然ながらすべて英語の説明ですので、それを読み解く必要はありますが、文だけでなく動画が用意されている用語もあり、理解を助けてくれます。

「インベストペディア」のトップページ下部に並ぶ「DICTIONARY」(辞書)への入り口

辞書機能へはインベストペディアのトップページから飛べるようになっています。トップページを下のほうまでスクロール。すると、「DICTIONARY」(辞書)という表示が出てきます。その横にはアルファベットでAからZまでの文字が並んでいますので、調べたい用語のアルファベットをクリック。次の画面で、例えば「F」なら「F」で始まる金融関連の用語がリストアップされて表示されます。

押さえておきたい海外ニュース・情報サイト

最近のマーケットはニュースなどが飛び出すと、それを瞬時に織り込んでしまいます。ネット化社会の到来で、価格に反映されるのは以前に比べて格段に速くなった感があります。それだけに、短期の価格変動に伴う値幅取りを狙っているプロの投資家などは1分1秒たりとも気を緩めることができません。

好材料だと思って慌てて買い注文を入れたら価格はすでに上がっており、買ったところが天井で、一転値下がりに……。こうした「高値づかみ」をしてしまうような事態は避けたいところでしょう。

英国の経済紙『フィナンシャル・タイムズ』(FT)のホームページ(https://www.ft.com)は多くの「プロ」が閲覧しています。19世紀から20世紀初頭にかけての大英帝国の繁栄は「パックス・ブリタニカ」などと称されましたが、今ではその地位を完全に米国に奪われてしまいました。それでも、「シティ」はなお、「世界の金融センター」としての地位を維持しています。外国為替市場の取引が最も多いのはロンドン。世界全体の3分の1以上がシティに集中しています。

その英国が誇る経済紙が発信する情報は、多くの市場参加者の信頼を集めています。日本経済新聞社がFT買収に踏み切ったのも、そのブランド力に着目した面が大きいのではないでしょうか。

経済情報を売りにしている外国の通信社のニュースのチェックも必須です。英国のロイター（https://www.reuters.com）や米国のブルームバーグ（https://www.bloomberg.com）などが代表的な通信社といえるでしょう。

「MarketWatch」（マーケットウォッチ、https://www.marketwatch.com）も利用者の多いサイトです。経済・金融関連のニュースがふんだんに盛り込まれているほか、主な国や地域の株式関連の指標や為替の主要通貨、金利、商品先物などの価格の一覧も掲載。世界のマーケットの状況をコンパクトにまとめている印象があります。

「Seeking Alpha」（シーキング・アルファ、https://seekingalpha.com）も人気サイトの1つ。世界のプロフェッショナルやアマチュアの投資家による米国株の分析記事やニュースなどがまとめられています。掲載記事を1本、紹介しましょう。Chuck Carnevaleさんという投資家が執筆している「ダウ構成銘柄のうち、5つは割安であることを示唆しているのか」というタイトルの記事です。

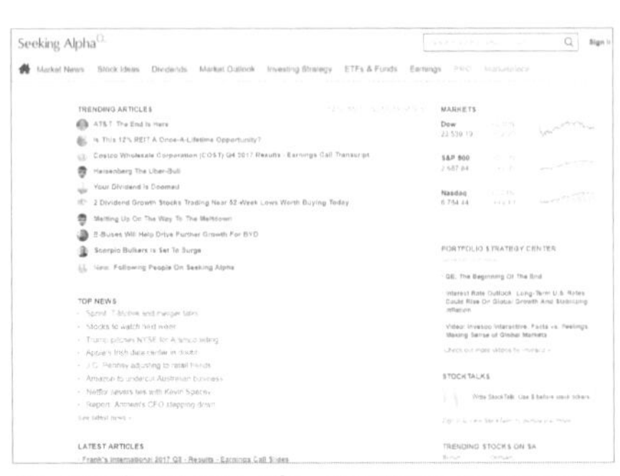

「シーキング・アルファ」。プロ・アマ投資家による米国株分析の投稿記事が見どころの1つ

「米国株の値動きを示す代表的な指数として知られるダ

ウ工業株30種平均は史上最高値圏まで上昇し『買われ過ぎ』の状態。だが、ダウ平均構成30銘柄のうち、シスコシステムズ、ゴールドマン・サックス・グループ、IBM、インテル、ベライゾン・コミュニケーションズの5銘柄の株価は適正な水準である。しかも、株価が割安か割高かを示す物差しである株価収益率（PER）は30銘柄の中で低い状態にある」などと意見を述べています。上段の「Investing Strategy」（投資戦略）というタブをクリックすると、こうした記事がズラリと出てきます。

トップ画面の「TRENDING ARTICLES」（よく読まれている記事）の一覧には「PRO Pick of the Day」、投資雑誌風にいえば「プロの今日の注目株」という記事のヘッドラインがあります。

2017年10月23日付の記事では、「メドレー・キャピタル」という会社が取り上げられています。クリックすると、「保守的な業績予想であるにもかかわらず1株純資産の水準割れで、利回りも11%」といった見出しとともに記事が掲載されています。「バリュエーションでみれば割安な上、利回りも高い」ことが注目の理由です。

日本にいても米国株式の売買は可能。同サイトは個別株の詳細な情報を知りたい投資家には読み応えのある内容といえるでしょう。

アプリや動画ならではの海外情報も

スピードを競うマーケットの「プロ」は情報武装を徹底。海外のメディアや通信社のアプリをダウンロードして、スマートフォンなどにニュースのヘッドラインが送られてくるサービスも積極的に活用しています。

外為ディーラーなどはかつて、為替相場の値動きを常時表示している小型の専用端末を携帯していました。今はほとんど見かけなくなったポケットベルのような大きさでした。ロイター通信社が提供していたものだったため、「ロイター端末」などと呼ばれていました。

現在は、専用端末がなくてもインターネットにアクセスすることで、マーケット情報などを入手するのが容易になりました。しかも、大きなニュースがあれば、いわゆるプッシュ型のサービスで知らせてくれるのです。

日本時間の夜から翌朝に行われる要人の記者会見や演説などでは、ちょっとした発言がマーケットを大きく動かすことも決して少なくありません。これらのニュースのヘッドラインが送られてきたら、マーケットの動きをすかさずチェック。価格変動の背景にあったものは何か、そして今後の展開はどうなるのか、考えをまとめて自らの売り買いに役立てたり、顧客への情報提供を行ったりするのです。

リアルタイムで情報を入手するためには、動画で会見の模様などをチェックすることも欠かせません。「プロ」は海外のメディアが提供する動画サービスなども頻繁に利用しています。

米国の経済専門チャンネル「CNBC」(https://www.cnbc.com) は彼らがよくアクセスするサイトの1つ。世界各国の要人による会見などを短く編集してまとめたダイジェスト版動画へのニーズは高いようです。

動画によるサービスを手掛けているのはメディアだけではありません。第3章で詳しく触れますが、欧州のユーロ導入国の金融政策を担う中央銀行である欧州中央銀行 (ECB) は、同行のサイト上で総裁会見の模様を同時配信しています。

なぜ動画まで丹念にチェックする必要があるのでしょうか。要人などの表情が分かるからです。活字ではなかなか伝わらない微妙なニュアンスを感じ取ることができるはずです。そうしたニュアンスが金融政策の変更などをにおわすなら、マーケットの材料になる可能性もあります。

会見であれば、出席している記者との質疑応答などを通じて全体の雰囲気をつかむこともできるでしょう。例えば、中央銀行のトップが利上げに否定的な発言をしても、実際に動画を見ると、言葉では否定しているが記者への答えからはむしろ肯定的なムードが伝わってくる。そんなケースがあるかもしれません。途中で言いよどんだりすれば、「何か変だぞ」となるはず。そうした変化にもマーケットは非常に敏感です。

外国為替市場のある専門家は「日本の金融当局者に対する海外のテレビメディアなどのインタビューには注意している」と話します。表情などを確認することができるだけでなく、日本のメディアのインタビューに応じる場合とは違ってリラックスした感じで臨んでおり、思わぬ発言をしてしまうことがあるからだといいます。

こうした「リップサービス」もマーケットでは格好の標的にされてしまいます。中央銀行のトップが定例会見で為替相場の水準に言及することはめったにありませんが、海外メディアのインタビューを後から振り返ってみると、日本の当局者が「今の水準は円安に傾きすぎている」といった趣旨の発言をしていたなどと思うことが多々あるそうです。

海外の経済情報はインターネットラジオを通じて入手することも可能です。スマートフォンやiPodなどにアプリをダウンロードし、通勤途中に聞いている「プロ」も少なくありません。

英語圏以外でも英語で情報発信するサイトは多い

彼らは動画や音声だけでなく、活字の英語情報のチェックもしています。前出のECB総裁の記者会見での発言や質疑応答の内容はサイトに掲載されます。動画で英語を聞き取るのはハードルが高くても、文章での確認なら難易度が少し下がります。中長期のスタンスで資産運用をしている方であれば、こうした作業をするだけで十分かもしれません。

会見に出席する多くの記者の質問は当然のことながら、その時点で最大の関心事に触れるはずです。質問内容を整理することで、「旬」の話題が何であるかを確認することもできるでしょう。日本経済に関しては今、何が問題なのか、ポイントは何か、といったことが相当程度分かっていても、海外の経済情勢となればなかなかそうはいきません。入手できる情報の量がかぎられているためです。

ドイツの「シュピーゲル・オンライン」。ドイツや欧州の経済情報などが英語で入手できる

例えば、会見での記者の質問がインフレのリスクに関する話題に集中しているとすれば、インフレリスクの高まりが問題点としてクローズアップされていることが把握できるというわけです。

海外の新聞や雑誌なども大事なニュースソースです。どのメディアも最近はウェブでの情報発信に力を入れています。ただ、日本と同様、無料で得られる情報は徐々に少なくなっています。ニュースサイトで閲覧無料の広告型モデルから有料課金型のモデルへの移行が進んでいるのは世界的な流れといえるでしょう。

なかには、英語圏以外でも英語での情報をオンラインで発信しているメディアがあります。ドイツの有名な週刊誌『シュピーゲル』(Speigel)は、「シュピーゲル・オンライン」(http://www.spiegel.de/international)という英語のニュースサイトを運営しています。

ドイツといえば欧州一の経済大国です。同国の景気動向や経済政策が欧州全体の趨勢(すうせい)を大きく左右します。それだけに、英語でドイツ関連の情報を発信するサイトは、欧州の金融商品に投資する人や同地域の経済調査の担当者などにとってありがたい存在です。

各メディアの「色」を理解しておこう

海外メディアの情報に接する際に気を付けなければならないのは、ウェブメディアも含めて欧米のメディアなどはかなり「色」が強いことです。独自の主義・主張を掲げて論陣を張るケースも珍しくありません。

英国で2016年6月に実施された欧州連合(EU)離脱の是非を問う国民

投票では、離脱支持か反対かをめぐって主要紙の立場が真っ二つに割れました。大衆紙として知られる『サン』や『デイリー・メール』は離脱支持を表明。これに対して、高級紙の『ガーディアン』や『FT』は残留を支持しました。

同年11月に行われた米国大統領選で共和党のトランプ候補が勝利するという「大番狂わせ」が起きたのも、保守系ニュースサイト「BREITBART」(ブライトバート、http://www.breitbart.com)の流す情報に有権者が影響を受けた面が少なくなかったためともいわれています。ブライトバート会長だったスティーブン・バノン氏がトランプ大統領の就任直後から一時、首席戦略官として政権の中枢にいたのは周知のとおりです。

日本の新聞も最近は旗幟(きし)鮮明にしていますが、それでも欧米のメディアほどではないように思います。あらかじめ各メディアの「色」を理解しておかないと、正しい判断ができなくなる恐れがあります。英語の情報にかぎらず、インターネット上に無数の情報が氾濫(はんらん)する今、大事なのは各メディアの主義・主張にまんべんなく接した上で、自分なりのしっかりした考えを身に付けることかもしれません。

ツイッターのコメントを注視する金融市場

もう少し、プロがチェックしている情報をご紹介しましょう。

今や金融市場でも軽視できなくなっているのが、ソーシャルネットワークサービス（SNS）経由の情報です。マーケット関係者は特にツイッターを通じて発信される最大140文字の「ニュース」にも注意を払うようになりました。

「ツイッター」を駆使している人物としても一躍時の人になったのが米国のトランプ大統領です。

2017年1月6日。日本の株式市場でトヨタ自動車など自動車の主力株が売られました。就任を控えていたトランプ次期大統領（当時）のツイートがきっかけでした。

「Toyota Motor said will build a new plant in Baja, Mexico, to build Corolla cars for U.S. NO WAY! Build plant in U.S. or pay big border tax.」（トヨタはメキシコのバハにカローラの米国向け工場を作ると言っている。信じられない。米国に工場を作るか、高額な関税を払うべきだ）。

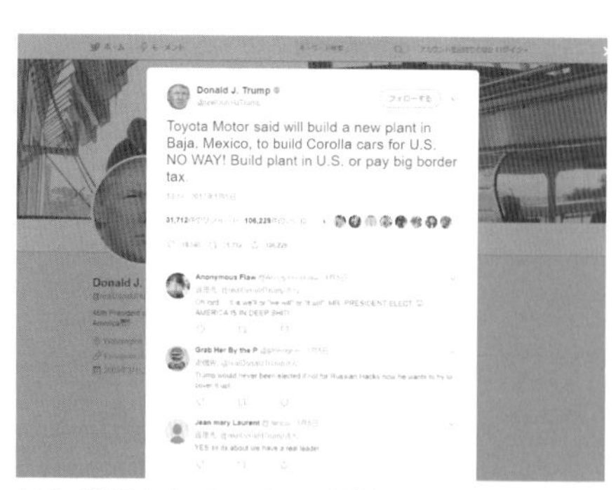

トランプ氏のツイッター。トヨタ自動車について発言した、大統領就任前の2017年1月5日のツイート

前日の5日にトランプ氏は

こうツイートしました。かねて保護主義的な発言を繰り返してきたトランプ氏。その矛先は日本の自動車メーカーにも向けられた格好です。

このトランプ氏のツイートには誤りがありました。トヨタは2015年、メキシコ・グアナファト州にカローラの生産工場を作ることを発表しました。しかし、どうやらトランプ氏はカリフォルニア州との国境に近いメキシコのバハ・カリフォルニア州のティファアナにある生産拠点とそれを混同したようです。

それでも、超経済大国の次のかじ取り役となる人物のツイートとあってマーケットは「日本車に対する警告」と受け止めました。6日の日本株市場でトヨタ株は一時、前日比219円安の水準まで下落。ホンダ、SUBARUなど米国市場での売り上げが大きい他の自動車銘柄も軒並み売られる展開となりました。

要人のツイートも貴重な情報源になる

米国のトランプ大統領にかぎらず、ツイッターなどのSNSを駆使した情報戦略に積極的な要人はいます。生き馬の目を抜く投資家は、記者会見や演説のコメントだけでなく、そうした動きにも極めて敏感に反応するのです。

2017年6月からスタートした英国の「ブレグジット」(EU離脱)をめぐるEUとの交渉。「英国に対する宣戦布告だ」。フランスの一部メディアは両者の交渉でEU側の首席交渉官にミシェル・バルニエ氏が選ばれたのをこう報じました。

同氏はもともとフランスの中道右派の政治家で、ジャック・シラク元大統領の時代には外相を歴任。2010～14年には、EU委員会で域内市場ならびにサービス担当の委員として、英国の金融街「シティ」の猛反対を押し切って金融規制強化を推し進めた経緯があるためです。

金融市場はこの「タフ・ネゴシエーター」のツイート（https://twitter.

ブレグジットに関するEU側首席交渉官を務めるバルニエ氏のツイッター。交渉に対するEUの基本スタンスが読み取れる

com/michelbarnier）にも注目しています。

「Negotiations ongoing: EUCO guidelines are designed for serious and constructive negotiations, but we need clear UK positions on all issues.」（交渉は進んでいる。EU委員会のガイドラインは誠実かつ建設的なものである。だが、我々が求めているのはすべての問題において英国側が明確な立場を示すことだ）。

ある日のツイートで、英語にも堪能なバルニエ氏は英国をこう牽制しました。両者の話し合いは難航。英国がEUを離脱する2019年3月までに交渉がまとまるのは厳しい情勢です。対立の原因はいったいどこにあるのか。バルニエ氏のツイートからEU側の基本的なスタンスを読み取ることができます。

米国や中国の情報などに比べると、日本のメディアが取り上げる欧州関連のニュースの量はかぎられています。このため、欧州経済・政治の専門家らにはバルニエ氏のつぶやきも貴重な情報源になっています。

ある経済の専門家がツイッターによる情報入手のメリットについて話をしてくれました。文章は最大でも140文字。このため、たとえ英語でなくとも翻訳ソフトなどを利用することで、大まかな内容をつかむことができるといいます。翻訳ソフトはさほど頼りにならないと感じている方も多いかと思いますが、短い文章であれば正確な翻訳ではなくても大丈夫というわけです。

SNS経由の情報は「真贋（しんがん）」の見極めが必要

一部の金融市場関係者の間で話題となっているのが、「ZeroHedge」（ゼロヘッジ、http://zerohedge.com）というブログ。金融マンだったとみられる人物が管理しているものです。

「CME Group CEO On Low Volatility: "Traders Are Too Afraid To Buy... And Too Afraid To Sell"」（米シカゴ・マーカンタイル取引所グループの最高経営責任者が価格変動の低下に言及「トレーダーは買うことも売ることも極端に恐れている」）。掲載された、あるブログの見出しです。

シカゴ・マーカンタイル取引所（CME）グループの最高経営責任者（CEO）であるテリー・A・ダフィー氏がCNBCのインタビューで、マーケットの価格変動（ボラティリティー）の低下に驚いたことに触れた内容です。北朝鮮の問題や米国の財政・金融政策をめぐる不確実性が買い控えの要因になっているなどとダフィーCEOは指摘。これを受けて、「Tyler Durden」（タイラー・ダーデン）という名のブログ執筆者はマーケットが様子見（wait and see）モードにあると結論付けています。

ゼロヘッジのサイトにはこうしたマーケット関連だけでなく、国内外のマクロ経済や政治などに関する記事が多く掲載されています。投資判断のよりどころとしている向きも少なくないそうです。

SNS経由のマーケット関連情報はまさに氾濫しています。日本でも有力な個人投資家のツイッターでのつぶやきが株式投資の材料にされることも少なくありません。なかには「本当なんだろうか」と疑いたくなるものが含まれているのも事実です。大事なのは「真贋」を見極める目といえます。

マーケットの動きを理解するのに役立つ要人発言

ツイッターの英語のつぶやきには、短い文に凝縮された意図を読み解く難しさがあります。一方、字数制限がないブログを読むのにも英語力、読解力は欠かせません。それがなければ筆者の考えを見極めるのは難しいでしょう。

「プロ」の市場関係者のように、動画で中央銀行総裁の記者会見の内容などを確認するのは相応の英語力が必要。経済や金融には専門用語が多く、ある程度の知識がないと内容を把握するのも容易ではありません。

英語の文章などいわゆる「定性的」な情報を理解するのは、かなりの労苦を伴うものでしょう。このため、本書では高度な英語力を有していなくても資産運用の成果向上に役立てていただこうと、経済指標・統計などの「定量的」な情報の紹介に重きを置きました。

たとえ難しい英語が分からなくても、経済指標を公表している官公庁のホームページなどにアクセスして知りたい統計データを入手するのは十分可能です。どのようにすれば、データが掲載されたページへたどり着くことができるのか。その「道順」を第2章を中心にできるだけ詳しく説明しました。

要人発言の事例でマーケットの特性を知る

一方、第3章の終わりの部分では、どのような要人発言が金融マーケットを動かすのかといった例も挙げています。あくまでも参考程度というとらえ方でお読みいただければと考えています。

あえて触れたのは、マーケットの特性を知っていただきたいからです。ある企業の業績が好調であるのに株価は下落。かと思えば、業績悪化を伝えるニュースが出たのをきっかけに値上がり。「ランダムウオーク」、つまり予測不可能ともいえる動きをするのがマーケットです。

海外の要人発言などに対しても、マーケットはよく分からない反応をすることがあります。「マーケットとは本来そういうものなんだ」という認識を深めていただければと思います。

ウェブ上の動画などは、「マーケットに慣れる」「マーケットの雰囲気を味わう」には有効な手立てかもしれません。

地上波テレビにも英語でマーケット関連情報を流している番組があります。TOKYO MXが毎週月曜日の夜10～11時にチャンネル2で放映している「WORLD MARKETZ」では、ニューヨークやシカゴのトレーダーらと電話をつないで直接相場見通しなどの解説を届けています。そのやり取りは英語で、番組のキャスターがその概要を日本語に訳すというスタイル。市場関係者の話だけに、臨場感が伝わってきます。

要人発言の内容を後で確認するという作業は、資産運用のパフォーマンス向上につながる可能性もあります。これも本書で取り上げた理由の1つで、第3章で詳しく説明しました。

英語による要人発言がマーケットを動かしたなどといわれる例を1つ紹介します。2015年9月25日。安倍首相が米国ニューヨーク証券取引所で演説を行いました。大胆な減税断行などをぶち上げた安倍首相。さらに、「世界経済回復のためには、3語で十分」としてウオール街の投資家を前にこう訴えました。「Buy my Abenomics」（アベノミクスは買い）。

この演説はまず海外で報道され、続いて日本にも伝えられました。翌26日の日本株市場では日経平均株価が前日比178円高と上昇。「バイ・マイ・アベノミクス」発言が本当に株価を押し上げたのか定かではない面もありますが、それ以降この言葉自体がマーケットでたびたび取りざたされるようになったのは事実です。

経済指標を通じて米国景気の「体温」を測る

本書で取り上げたのは主に米国の経済指標・データです。米国は世界一の経済大国。同国の動向を抜きにして世界経済の行方を語ることはできません。日本円で80兆円を超える巨額のモノの貿易赤字を抱えているのは、世界中から多くの製品などが集まってくることの表れという見方もできます。

おカネの流れも景気や物価など経済の基礎的条件（ファンダメンタルズ）に大きく左右されます。それだけに、経済指標などを通じて米国景気の「体温」を測っておくことは極めて重要です。

だからといって、米国以外の国・地域の政治・経済情勢を無視していいというわけではありません。欧州も最近、クローズアップされる場面が増えました。第二次世界大戦での戦禍を受けた各国が悲惨な歴史を二度と繰り返すまいと築き上げた統合欧州の枠組み。それが今、大きく揺らいでいます。

「ヒト・モノ・カネ・サービス」の自由な移動というEUの基本理念はどうなってしまうのか。欧州以外の国々もその行方を注視しています。統計データなどを通じて欧州経済の実態を理解しておきたいところです。

アジアや中南米、アフリカなどの新興国の経済動向にも目配りが必要です。少子高齢化の進行を背景にした国内市場の縮小が懸念されるなかで、新興国でのマーケットの深耕に傾注する日本企業も少なくありません。そのような会社の株式に投資しようとすれば、新興国経済のトレンドも重要なチェックポイントの1つになります。

中国の統計データには英語で入手可能なものもあります。世界第2の経済大国である中国の「爆食」ぶりなどを確認しておきましょう。

Chapter Two　第２章

《基礎編》
要チェック！
英語の経済指標・データ10

英語の一次情報に触れるメリット

この章では、資産運用の際にチェックしておきたい海外の経済指標などについて詳しく説明します。

日本の銀行、生命保険会社といった機関投資家、シンクタンクなどで働く経済の専門家や金融市場の関係者に話を聞くと、「各種統計を公表する行政当局や国際機関などのホームページにアクセスすることはあまりない」との声が聞こえてきます。これは、彼らの所属企業が「ベンダー」と呼ばれる会社などから金融情報をまとめて購入しているからです。

それでも、当局が指標の発表と同時に公表するサマリーなどの定性情報や過去の数字（ヒストリカルデータ）などを収集したいときには、それぞれのサイトに直接当たってみることが必要です。英語の一次情報に接することで、日本語情報ではカバーしていない、より細かい情報を得ることもできます。日本語のメディアでも主要国の失業率などを記事にするケースは頻繁にありますが、海外の経済関係の省庁のホームページにアクセスすれば、年代別の失業率まで細かく公表していることが分かります。

各国の統計を比較できる国際機関のサイト

国際機関のサイトでは、世界各国の統計数字を公開しているところもあります。各国の省庁のホームページで統計にたどりつくことはできても、他国と比べる際には通貨をそろえるために所定のレートでドルなどに換算するといった面倒な作業が求められます。各国の統計を一覧できれば、そうした手間暇を掛けることなく、横並びで比較することが可能です。

大事なのは統計情報だけではありません。マーケットは各国首脳や中央銀行総裁など要人の発言にも敏感に反応します。コメントの微妙なニュアンスを通して従来からの姿勢の微妙な変化を感じ取り、それを手掛かりに売買を行っています。要人発言については第3章でご説明します。

1. 米雇用統計

景気動向に大きな影響を及ぼす、最注目の経済指標

海外の統計データで最も重視されているのは、やはり米国の指標です。米国は世界に冠たる経済大国。国の経済の規模を示す国内総生産（GDP）は物価変動を考慮しない名目ベースで約18兆ドルと世界1位。中国（約11兆ドル）や日本（約4.3兆ドル）を大幅に上回ります。それだけに、米国の経済情勢は世界中に多大な影響を与えます。同国の経済力が衰えれば、他国は同国への輸出減という打撃を受けるといった具合です。ひところに比べれば影響力は低下したものの、それでもなお「米国がクシャミをすれば、他国が風邪をひく」状態が続いています。

雇用統計が最も重要な指標である理由

米国の経済指標で近年、マーケット参加者が最も注目しているのは、労働省労働統計局が公表している雇用統計です。原則として毎月第1金曜日（第2金曜日の月もあり）、米国東部時間の午前8時30分に前月分の結果が明らかにされます。マーケット参加者の多くが発表を待ち構えており、情報端末などにヘッドラインで雇用統計の結果が流れると一斉に取引を開始。株価や為替相場が大きく変動するケースも珍しくありません。日本には「雇用統計セミナー」と称し、専門家の解説などを交えて発

表前後の相場の動きを伝えるオンライン証券もあります。

では、どうしてそんなに注目度が高いのでしょうか。1つは毎月第1金曜日に前月分が公表になるという早さ。日本の失業率などが発表されるのは翌月の終わり近いタイミングです。速報性は米雇用統計の大きなウリといえるでしょう。

雇用の多寡が個人消費に大きな影響を及ぼすとみられるのも理由の1つです。個人消費は米国景気の浮沈を左右する最も大きなファクターです。GDPに占める割合は約7割。これに対して、日本の個人消費のGDPウエイトは約6割にとどまります。

雇用環境が悪化すれば給料は減り、消費者の財布のヒモは固くなる。逆に、環境が好転すると懐が潤って財布のヒモが緩くなるのは想像に難くありません。特に米国の企業は日本に比べると景気や業績の変動に応じて従業員を増やしたり減らしたりする傾向が強いだけに、雇用は景気をより敏感に映し出す鏡となっているのです。

米国の中央銀行であるFRBが「物価の安定」だけでなく、「雇用の最大化」を金融政策の目標に据えているのも、雇用関連の指標が注視される理由の1つに挙げられるでしょう。これは「デュアル・マンデート」(Dual Mandate、2大目標）と呼ばれているもので、「物価の安定」のみを目標に掲げている他の先進国の中央銀行とは異なる点です。

雇用の動向を見極めながら金融政策のかじ取りを行うFRB。2008年のリーマン・ショック以降、金融市場では先進国の金融政策への関心が高まっているため、雇用統計の数字が政策に対するさまざまな思惑を呼びやすい面があります。統計で雇用の強さが確認できれば米国の金融引き締め、つまり利上げ観測が台頭し、つれてドル買いが先行。一方で、統計公表を受けて雇用が思ったほど安定していないとの見方が強まると、利上げ観測が後退してドル売りが優勢となります。このような形でマーケットは雇用統計の結果に一喜一憂しているのです。

非農業部門の雇用者数をチェック

雇用統計で公表されるさまざまなデータのうち、マーケットの関心が最も高いのは非農業部門の雇用者数です。前月比での増減が重要なポイント。一般に、増加幅が20万人を超えるかどうかが景気好調の目安とされています。

非農業部門の雇用者数は約40万事業所の給与支払い帳簿をもとに集計されるもので、景気動向をより敏感に反映する指標です。同時に発表される失業率は一般家庭6万世帯が対象。一般的に景気変動に遅行して動きます。非農業部門雇用者数は現在の景気の力強さを把握できるという特性があり、これが注目度の高さにつながっているとみられます。

40万事業所が創出している雇用は米国全体の約3分の1に達するとも

▶米国の非農業部門雇用者増減数 (2008年9月〜)

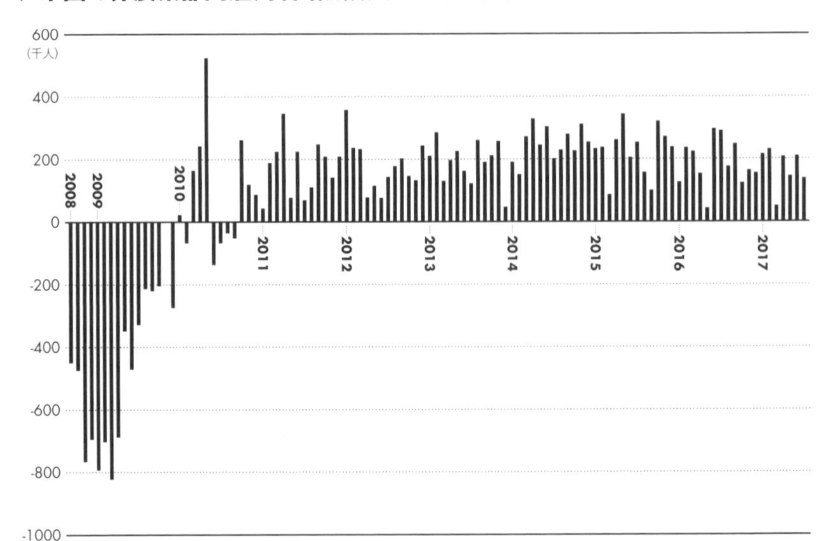

出所：米労働統計局（https://www.bls.gov）

いわれています。この膨大なサンプル数も多くのマーケット参加者などの関心を集める一因です。

非農業部門の雇用者数に比べれば注目度は低いとはいえ、失業率も重要な指標であることに変わりはありません。2008年のリーマン・ショック後には雇用環境が悪化して一時10％台に乗せました。この時期、900万人近い雇用が失われたとの見方もあります。

失業率の定義は国によって異なるため、米国以外の国と横並びで比較するのが難しい面はありますが、過去の水準と比べれば、足元の雇用環境がどのような状況に置かれているかといった判断に役立つでしょう。

世界の主要国の中央銀行はリーマン・ショック後、大胆な金融政策の転換などを通じて景気の立て直しに邁進。政策金利の引き下げという形で金融緩和に踏み切りましたが、金利は事実上のゼロ状態です。そこで、新たに銀行から国債などの資産を購入する見返りに多額の資金を供給するといった量的な金融緩和策にも打って出ました。こうした金融緩和策は「非伝統的」とも形容されています。

FRBも例外ではありません。非伝統的な金融政策へと傾斜しました。そうした施策が奏功し、ショックの傷もようやく癒えた感があります。震源地となった米国の景気も回復歩調をたどり、非農業部門雇用者の増

▶米国失業率 (2008年9月〜)

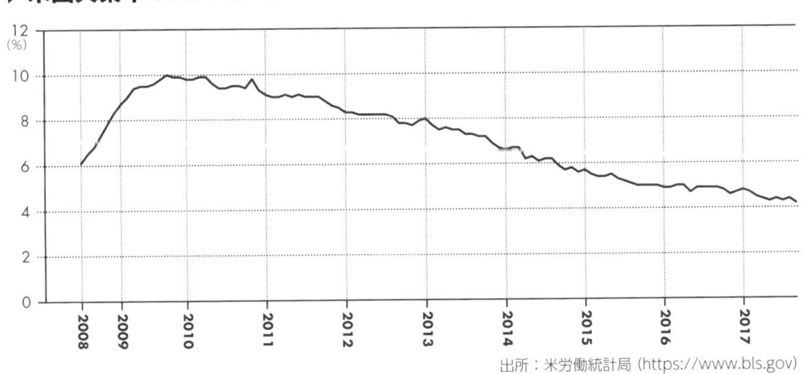

出所：米労働統計局 (https://www.bls.gov)

加数は20万人超えが常態化。失業率も4%台まで低下し、求職志願者はすべて職に就くことができる「完全雇用」の域に達したとの見方も出ています。

しかし、雇用の状況をチェックするには他の指標も押さえておく必要があります。その1つが時間当たり平均賃金（平均時給）です。一時は失業率が低下しているにもかかわらず、平均賃金が思うように伸びないことが問題視されていました。多くの企業が雇用を増やすことはできても、給料を上げる余力はないことなどがその原因として指摘されていました。

産業のサービス化の進展などで、平均賃金の比較的低い外食産業などの雇用が増える一方、製造業などの雇用吸収力が衰えるといった産業構造の転換が背景にあるともいわれています。平均賃金に対する注目度の高まりには、こうした変化を見極めようという市場参加者の心理が反映されています。

雇用統計の主要データの見方

では、具体的にどうすれば雇用統計の主要データを閲覧することができるのか説明しましょう。まず検索エンジンで「米国労働省」あるいは「米国労働統計局」と入力して検索。すると、「U.S. Bureau of Labor Statistics Latest Numbers」という見出しが最上部に表示されます。ここをクリックすれば、米労働省労働統計局のサイトにアクセスすることができます。

ホームページの上段に並ぶタブのうち「Subjects」（テーマ）にカーソルを合わせると「EMPLOYMENT」（雇用）という項目が見つかります。さらに、「National Employment」（国内の雇用）という小分類の項目をクリックすると、「Current Employment Statistics - CES (National)」という見出しの付いたページに飛ぶことができます。そこに雇用統計のデータが収録されています。

左側の「CES NEWS RELEASES」をクリックしてみましょう。最上段に雇用統計のニュースリリースのヘッドラインとサマリーが出てきます。2017年9月24日時点でアクセスしたところ、サマリーに8月の非農業部門雇用者増加数が前月比15.6万人、同月の失業率が4.4%だったことなどが記載されています。

詳細を知りたいときには、8月の雇用統計が発表された9月1日のニュースリリースを閲覧しましょう。HTMLやPDF形式で収録されています。PDFは全39ページの長文です。そこには性別、人種別の失業率や非農業部門雇用者数の業種・分野ごとの内訳などが記載されています。PDFに収録されたデータを眺めるだけでも、大量の調査項目があることが分かります。

先に重要な指標として挙げた時間当たり平均賃金（民間ベース）の数字も確認することができます。8月の同賃金は26.39ドルで前月比0.03ドル増。一方、隣に掲載されている週当たり平均賃金を見ると、907.82ドルで同1.6ドル減となっています。別ページ／ファイルに収録されている週当たりの平均労働時間は34.4時間と前月比0.1時間減少しており、これが週当たり平均賃金の低下の原因とみられます。

米労働省労働統計局のホームページで最重要指標に位置付けられる非農業部門の雇用者数の変化をチェックするには、別の方法もあります。1つはサイトの検索機能の活用です。トップページから順にたどって該当情報を探すのが面倒という人には便利な方法かもしれません。

右上の検索窓に「非農業」を意味する「nonfarm」という言葉を入れてみると、かなりの件数がヒットします。上から2〜3番目くらいに「Table B-1. Employees on nonfarm payrolls...」という見出しが出てくると思います。ここをクリックすると、非農業部門雇用者の詳細なデータを網羅した表が見られます。

表の最上部にある「Total nonfarm」が市場の注視する非農業部門雇用者の数字。7月の雇用者数が全体で1億4,657万4,000人だったのに対して

8月の雇用者数は1億4,673万人。8月は差し引きで15.6万人増となったことが確認できます。

次は過去データを探し出す方法です。統計局のトップページ上部にあるタブのうち、「Subjects」の右隣にある「Data Tools」をクリックして次のページへ飛ぶと、上段の「On This Page」と書かれたところに十数個の項目が現れます。その1つが「Employment」です。

そこをクリックすると、「Employment, Hours, and Earnings - National」という欄が出てきます。次に星のマークが付いた「Top Picks」をクリックしてみてください。すると、一番上に「Total Nonfarm Employment, Seasonally Adjusted」(季節調整済みの非農業部門雇用者数)という項目が出てきます。ここにチェックを入れて、下にある「Retrieve data」(データを取り込む)のボタンをクリックすると、2007年1月からの非農業部門雇用者数のデータの一覧が出てきます。

これらのデータはエクセルファイル形式でダウンロードが可能。分析などを行うのであれば、この取得方法をお勧めします。

雇用統計を先取りする2つの指標

米労働省のサイトで雇用統計とともにチェックしておきたい指標が失業保険の新規申請件数です。これは米国で失業保険給付を申請した人数を示すもの。英語では「Unemployment Insurance Weekly Claims」あるいは「Initial Claims」(イニシャルクレーム)と呼ばれています。

発表は毎週木曜日の米国東部時間午前8時30分。毎週公表されるため、より景気動向に敏感に反応する指標として注目する市場参加者が少なくありません。雇用統計の「先行指標」などともいわれています。

同指標は天候不順など特殊要因に左右されやすく、週ごとの変動が大きくなる傾向があります。このため、トレンドを見極める際には4週間の平均値をつなぎ合わせた4週移動平均の数字をチェックするのが望ましいといわれています。前回数値より増加すると雇用情勢が悪化、減少すると雇用情勢が好転していると考えられます。

金融市場の関係者の間で雇用統計を先取りする指標として注目されているものがもう1つあります。給与計算の代行など人事雇用サービスを手掛ける米国の民間企業、ADP（オートマチック・データ・プロセッシング）が公表している雇用に関するリポート「ADP National Employment Report」（https://www.adpemploymentreport.com）です。発表は毎月で、雇用統計の数字が明らかになる週の水曜日のタイミングです。

前述のように2017年8月の非農業部門雇用者の増加数は前月比15.6万人となりました。景気が強いか弱いかの分岐点とされる20万人増の水準を3カ月ぶりに下回りました。

雇用統計が発表されたのは9月1日の金曜日でした。ADP社のリポートはその2日前の8月30日に公表されています。それによると、同年8月の非農業部門の雇用者数は前月比23.7万人の増加。雇用統計の数字が20万人に到達しなかったのとは対照的な結果でした。

ただ両方の数字をグラフ化すると、ほぼ同じような傾向を示していることが読み取れます。米労働省労働統計局のほうがやや上下のブレが大きい印象を受けますが、例えばリーマン・ショックの2008年から翌2009年12月まで前月比でマイナスとなっていたのは両者とも同じ。2010年ごろから20万人を中心にした水準で推移しているのも変わりません。いずれも雇用調査のデータなので、当たり前といえば当たり前かもしれませんが……。

2017年1～8月までの数字を見ると、ADP社の調査で20万人を割り込んだのは4月と6月の2回。これに対して、米労働省の雇用統計では4回。3、5、7、8の各月です。ADP社のデータでは6月から雇用者増加数が徐々に拡大。一方、労働省の数字では逆に縮小しています。労働省の公表データは過去2カ月分の数字が修正されることも頻繁にあります。ADP社の数字が雇用情勢を的確に映し出しているとすれば、労働省の数字を悲観的にとらえる必要はないのかもしれません。

ADP社調査は米国の雇用者のうち、2,400万人近くの給与データをもとに雇用増加数をはじき出しています。このサンプル数の多さも市場関係者などの目を引き付ける要因といえるでしょう。

「Employment Situation Summary」を読む

THE EMPLOYMENT SITUATION -- AUGUST 2017

Total nonfarm payroll employment increased by 156,000 in August, and the unemployment rate was little changed at 4.4 percent, the U.S. Bureau of Labor Statistics reported today. Job gains occurred in manufacturing, construction, professional and technical services, health care, and mining.

〈中略〉

Manufacturing employment rose by 36,000 in August. Job gains occurred in motor vehicles and parts (+14,000), fabricated metal products (+5,000), and computer and electronic products (+4,000). Manufacturing has added 155,000 jobs since a recent employment low in November 2016.

In August, construction employment rose by 28,000, after showing little change over the prior 5 months. Employment among residential specialty trade contractors edged up by 12,000 over the month.

出所：Employment Situation Summary, August 2017/U.S. Bureau of Labor Statistics (http://www.bls.gov)

【日本語訳】

雇用状況 2017年8月

米労働統計局の本日の発表によると、8月の非農業部門雇用者数は前月比15万6,000人増となり、失業率は4.4%でほぼ変わらなかった。業種別では、製造、建設、専門技術サービス、ヘルスケア、および鉱業の雇用者数が増加した。

〈中略〉

製造業は8月に3万6,000人増加。自動車・部品が1万4,000人増、金属製品が5,000人増、コンピューター・電子機器が4,000人増だった。製造業の雇用者数は、2016年11月に底を打った後、15万5,000人増加したことになる。

5カ月連続で横ばいが続いていた建設業は、8月は2万8,000人増。住宅専門工事業は前月比1万2,000人増加した。

【語句】

nonfarm　非農業の
payroll　従業員数
increase　増加する
unemployment rate　失業率
job gains　雇用の増加
manufacturing　製造業
construction　建設業
mining　鉱業
rise　増加する、上昇する
fabricated metal products　金属製品
residential specialty trade contractors　住宅専門工事業
edge up　じわじわ増加する、少しずつ上昇する

【解説】

雇用統計の発表時に雇用状況の概要を説明したニュースリリースが配信されます。その冒頭と中ほどの部分を取り上げました。

冒頭の段落に要点が凝縮されています。この部分に目を通すだけでも十分。この段落では、非農業部門雇用者の増加数、失業率に加えて、非農業部門で雇用者が増えている業種が説明されています。数値の増減（increase、decrease）、上昇・下落（rise、decline）を表す単語、「雇用の増加」（job gains）、「雇用の減少」（employment decline）などの表現を覚えておくと役立つでしょう。

本文は世帯調査（Household Survey Data）と事業所調査（Establishment Survey Data）に大きく分かれます。例えば、冒頭の段落で紹介されている雇用者数が増えている業種に関心があれば、事業所調査のパートでもう少し詳しい情報を読めます。ここでは、事業所調査のパートの2つ目、3つ目の段落も取り上げました。

「Employment Situation Summary: table B」を読む

ESTABLISHMENT DATA
Summary table B. Establishment data, seasonally adjusted

Category	Aug. 2016	June 2017	July 2017(p)	Aug. 2017(p)
EMPLOYMENT BY SELECTED INDUSTRY (Over-the-month change, in thousands)				
Total nonfarm	176	210	189	156
Total private	143	207	202	165
Goods-producing	-24	42	23	70
Mining and logging	-3	6	0	6
Construction	-4	15	-3	28
Manufacturing	-17	21	26	36
Durable goods	-20	19	19	28
Motor vehicles and parts	-8.8	2.9	5.3	13.7
Nondurable goods	3	2	7	8
Private service-providing	167	165	179	95
Wholesale trade	3.0	11.9	6.1	6.3
Retail trade	16.7	-3.7	-1.9	0.8
Transportation and warehousing	18.5	5.6	1.6	1.9
Utilities	-0.6	0.8	-0.6	-0.5
Information	0	-1	-4	-8
Financial activities	15	15	10	10
Professional and business services	31	44	50	40
Temporary help services	1.0	11.1	10.1	0.1
Education and health services	53	40	54	25
Health care and social assistance	39.7	50.6	43.5	16.6
Leisure and hospitality	21	38	58	4
Other services	10	14	6	16
Government	33	3	-13	-9

出所：Employment Situation Summary, August 2017/U.S. Bureau of Labor Statistics (http://www.bls.gov)

【語句】

establishment data 事業所データ
seasonally adjusted 季節調整済みの
P(Preliminary) 速報値
employment by selected industry 業種別雇用者数
over-the-month change 前月比
total nonfarm 非農業部門雇用者数合計
total private 民間部門合計
goods-producing 製造
mining and logging 鉱業・木材
construction 建設
manufacturing 製造
durable goods 耐久消費財
motor vehicles and parts 自動車・部品
nondurable goods 非耐久財
private service-providing 民間サービス
wholesale trade 卸売り
retail trade 小売り
transportation and warehousing 運輸・倉庫
utilities 公益
information 情報
financial activities 金融
professional and business services 専門・ビジネスサービス
temporary help services 短期人材派遣
education and health services 教育・医療
health care and social assistance ヘルスケア・社会支援
leisure and hospitality 娯楽・ホスピタリティー
other services その他サービス
government 政府部門

【解説】

「Employment Situation Summary」は、先ほど見たニュースリリースのほか、「Table A」「Table B」などのデータ表から成ります。「Table A」が世帯調査、「Table B」が事業所調査。ここでは、事業所調査のデータ表に含まれる業種名を取り上げました。

業種別雇用者数（EMPLOYMENT BY SELECTED INDUSTRY）は、民間（Private）と政府部門（Government）に大きく分かれます。民間はさらに製造（Goods-producing）、民間サービス（Private service-providing）に分かれ、その下位にデータ表のような業種が存在します（「Table B」の別表には、もっと細かい業種名が載っています）。これらの業種名に慣れておくとニュースリリースを読むのが速くなるでしょう。

「Table B」には業種ごとの集計のほかに、女性・生産・非管理職労働者（WOMEN AND PRODUCTION AND NONSUPERVISORY EMPLOYEES）、労働時間・賃金（HOURS AND EARNINGS）などの数値も載っています。

アクセス方法

指標・情報名　雇用統計／Current Employment Statistics (CES)

発表の頻度　月1回

発表日時　原則として毎月第1金曜日

発表者　米労働統計局／U.S. Bureau of Labor Statistics

URL（トップページ）　https://www.bls.gov

行き方　❶トップページで、上段に並ぶタブメニューの1つ「Subjects」（テーマ）にカーソルを合わせる。　❷表示されるメニューのうち、「EMPLOYMENT」（雇用）の下位項目「National Employment」（国内の雇用）をクリックすると、「Current Employment Statistics - CES (National)」のトップに着く。　❸「CES News Releases」（ニュースリリース）、「CES Tables and Charts」（表・グラフ）、「CES Databases」（データベース）、「Archived」（アーカイブ＝1994年以降の月ごとの過去データ）などのメニューが並ぶ。　❹「CES News Releases」をクリックすると、最新の雇用統計に関する見出し、リード文などの位置にジャンプする。ここで非農業部門雇用者、失業率の数値が確認できる。時間当たり平均賃金（Average hourly earnings）は、「Employment Situation Summary」とともに配信される「Table B-3」に収載されている。「Employment Situation Summary」のHTML版はページの最後にリンクが張ってあり、PDF版は後半に表組みが含まれている。

2. 米ISM®製造業景況指数

仕入れ担当者の肌感覚の景気を反映

米国の経済指標で、雇用統計と並んで注目度が高いとされるのが、ISM®（Institute for Supply Management、供給管理協会）の公表している製造業景況指数です。これは米国景気の動向を敏感に反映する指数といわれます。ISM®に加盟する全米の製造業300社超の購買担当者などに対するアンケート調査を毎月実施。その結果をまとめた「Manufacturing ISM® *Report On Business*®」というリポートを公表しています。

新規受注、生産、雇用、入荷遅延（直訳すると「供給者からの受け渡し」）、在庫の5項目について、1カ月前と比べて「良い」「変わらない」「悪い」のいずれかを選んで回答してもらい指数化します。日本銀行が公表している短観（全国企業短期経済観測調査）のメインの指標である製造業の業況判断DIに似ています。

さらに、5項目の指数をすべて同じウエイトで平均化して総合的な指数を作成。これは「PMI®」（= Purchasing Managers' Index、購買担当者景況指数）と呼ばれるもので、通常、日本語のニュースサイトなどで「ISM®製造業景況（景気）指数」などと書かれている場合には、この「PMI®」の数値を意味します。

PMI®は0から100までの数値で示され、一般には50が製造業の景気動向を占う分岐点と位置付けられています。50を上回れば製造業の景況感好転、50を下回ると製造業景気の悪化をそれぞれ意味します。さらに、43.3を割り込むと、製造業だけでなく米国景気全体の後退局面（リセッション）入りを示唆するとされる指標です。

景気の現状を示すだけでなく先行指標ともみられており、米国の実質国内総生産（GDP）成長率や株価との相関も高いとされています。雇用統計と同様、速報性を備えているのも市場関係者の関心を集める大きな要因。毎月第1営業日に前月の結果が公表されます。

最新PMI®リポートの見方

ISM®のサイトに入ったら、「NEWS & RESEARCH」（ニュース&調査）というタブにカーソルを合わせます。「ISM® *Report On Business*®」（ISM®ビジネスリポート）をクリックすると、「MANUFACTURING (PMI®)」（製造業景況指数）と「NON-MANUFACTURING (NMI®)」（非製造業景況指数）という言葉が並んで表示されます。ISM®では製造業だけでなく、非製造業の景況感指数も公表しています。発表は製造業よりも2営業日遅れの毎月第3営業日です。

米国の産業界ではいわゆるサービス化が進んでいますが、金融市場で

▶米ISM®のPMI® (2016年10月〜2017年9月)

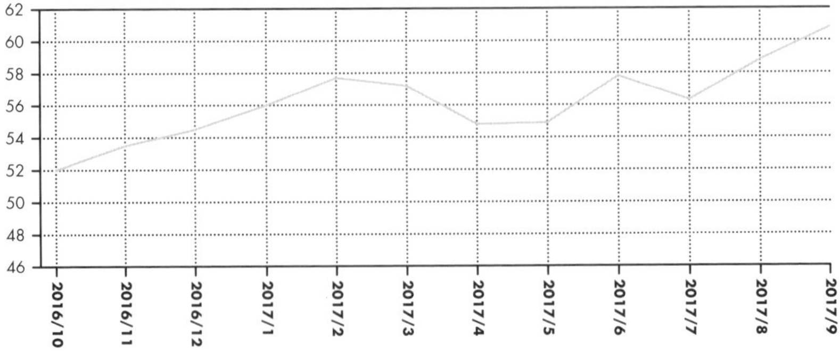

出所：Manufacturing ISM® *Report On Business*®/ISM® (https://www.instituteforsupplymanagement.org)

の注目度は製造業のほうが高いといえます。製造業には古くからグローバルに事業を展開している企業が多く、世界からの投資資金を引き寄せる米国の株式市場における知名度という面では、依然として製造業優位という状況が続いているのかもしれません。日銀短観でも多くの市場関係者が注視するのは非製造業ではなく、製造業の業況判断DIです。

では、実際に製造業のリポートを見てみましょう。先ほどの「ISM® *Report On Business*®」をクリックして飛んだページで、「Most Recent PMI® Report」（最新PMI®リポート）の「View Report」（リポートを見る）をクリックすると確認することができます。ここでは、2017年8月分のリポートを取り上げて説明します。このリポートが公表されたのは9月1日の月曜日。つまり、9月の第1営業日に当たります。リポートによると、PMI®は58.8。前月から2.5ポイントの上昇です。上昇は2カ月ぶりで、59.1を記録した11年4月以来の高水準に達しました。景気の拡大と後退の目安となる50を上回ったのは12カ月連続です。

リポートには前月分と比較した一覧表が掲載され、PMI®以外にも前出の5項目に「価格」「顧客在庫」「輸入」などを加えた計10項目の指数を確認することができます。

PMI®とドル相場の関連を指摘する声も

専門家には、過去にPMI®が50を割り込んだのと、外国為替市場のドル相場が反落したタイミングが一致していることを指摘する声があります。PMI®の50割れは製造業の景況感悪化を示すもの。こうした場面では輸出企業などからドル高トレンドの修正による競争力の回復への圧力が高まりがちです。株式や為替などへの投資の機会を見極める上で、参考になりそうです。

PMI®が景気の現状を敏感に反映し、さらに将来の姿も的確に映し出す指標と評価されているのは、仕入れの責任者という立場の人たちを対象にした調査であることが1つの理由かもしれません。

彼らが所属企業の生産、販売、在庫などの状況や取り巻く経済環境などをしっかりと把握し、その上で原材料調達や仕掛品購入などの計画を立てなければ、収益悪化につながってしまう恐れがあります。経営者レベルよりも景気の変化を肌で感じている人たちからの意見を吸い上げていることが、経済統計としての信頼性の高さにつながっているのです。

PMI®は、日本のメディアなどではさほど大きく扱っていませんが、市場関係者の間では注目度が高い指数です。しかし、残念ながらISM®のホームページではPMI®の過去の長い期間のデータを無料で入手できません。「Historical Information」を見ると、過去データは「subscribers only」(購読者専用)となっており、年間購読料が記されています。有料でしか入手できないのはちょっとがっかりという気もします……。

ISM®ビジネスリポート／製造業を読む

PMI® at 58.8%

New Orders, Production, Backlog of Orders and Employment Continue Growing

Supplier Deliveries Slowing

Raw Materials Inventories Growing, Customers' Inventories Too Low

Prices Increasing at Same Rate

(Tempe, Arizona) — Economic activity in the **manufacturing sector** expanded in August, and the **overall economy** grew for the 99th consecutive month, say the nation's supply executives in the latest Manufacturing ISM® *Report On Business*®.

MANUFACTURING AT A GLANCE August 2017						
Index	Series Index Aug	Series Index Jul	Percentage Point Change	Direction	Rate of Change	Trend (Months)
PMI®	58.8	56.3	+2.5	Growing	Faster	12
New Orders	60.3	60.4	-0.1	Growing	Slower	12
Production	61.0	60.6	+0.4	Growing	Faster	12
Employment	59.9	55.2	+4.7	Growing	Faster	11
Supplier Deliveries	57.1	55.4	+1.7	Slowing	Faster	16
Inventories	55.5	50.0	+5.5	Growing	From Unchanged	1
Customers' Inventories	41.0	49.0	-8.0	Too Low	Slower	2
Prices	62.0	62.0	0	Increasing	Same	18
Backlog of Orders	57.5	55.0	+2.5	Growing	Faster	7
New Export Orders	55.5	57.5	-2.0	Growing	Slower	18
Imports	54.5	56.0	-1.5	Growing	Slower	7
OVERALL ECONOMY				Growing	Faster	99
Manufacturing Sector				Growing	Faster	12

出所：August 2017 Manufacturing ISM® *Report On Business*®/ISM® (https://www.instituteforsupplymanagement.org)

【日本語訳】

PMI® 58.8

新規受注、生産、受注残高、および雇用は拡大継続。入荷遅延は鈍化。原材料在庫は増加、顧客在庫は過小。価格は上昇、指数は変わらず。

（アリゾナ州テンピ）－8月は製造業の経済活動拡大および経済全体としては99カ月連続の成長が示された、と最新のISM®ビジネスリポート／製造業において供給担当責任者は述べている。

【語句】

new orders　新規受注
production　生産
backlog of orders　受注残高
employment　雇用
supplier deliveries　入荷遅延
inventories　在庫
customers' inventories　顧客在庫
manufacturing sector　製造業分野
expand　拡大する
overall economy　経済全体
consecutive　～連続
supply executives　供給担当責任者
manufacturing at a glance　製造業指数一覧
percentage point change　指数変動値
direction　動向
rate of change　変動ペース
trend (months)　動向継続（月）
new export orders　新規輸出受注
imports　輸入

【解説】

ISM®のリポート「Manufacturing ISM® *Report On Business*®」(2017年8月分)の冒頭部分と、途中の表組みを取り上げました。

冒頭部分は大見出しともいえ、このリポートの要点が詰まっています。最初にPMI®の今回の数値が入り、その後に調査項目の中で上昇が続いているもの、50を大きく下回るもの、同率のものなどが続きます。

表組みには当月(8月)と前月の数値、数値変化の方向(Direction)、数値変化のスピード(Rate of Change)などが並びます。

アクセス方法

指標・情報名 製造業景況指数/PMI® (Purchasing Managers' Index)
発表の頻度 月1回
発表日時 毎月第1営業日
発表者 供給管理協会/Institute for Supply Management
URL(トップページ) https://www.instituteforsupplymanagement.org
行き方 ❶トップページで、上段に並ぶタブメニューの1つ「NEWS & RESEARCH」(ニュース&調査)にカーソルを合わせる。 ❷表示されるメニューのうち、「ISM® *Report On Business*®」(ISM®ビジネスリポート)をクリック。 ❸「MANUFACTURING (PMI®)」(製造業景況指数)と「NON-MANUFACTURING (NMI®)」(非製造業景況指数)があるので、「Most Recent PMI® Report」(最新PMI®リポート)の「View Report」(リポートを見る)または「View Charts」(図表を見る)を選ぶ。「View Report」は文と表で構成されており、「View Charts」は表とグラフが多用されている。最新のPMI®は「View Report」「View Charts」ともに、冒頭に「PMI® @ 60.8%」などと目立つように記されている。

3. CME グループ Fed ウオッチ

米中央銀行のかじ取りを占う重要データ

金融市場は、世界主要国の中央銀行の一挙手一投足を注視しています。特に関心が高いのは、米FRBのかじ取りの行方です。米国景気の浮揚感台頭を背景に、FRBの金融政策は「正常モード」へ移行。リーマン・ショック後の異例ともいうべき大規模な金融緩和政策はすでに終わりを告げています。

FRBが同ショック後、初めて利上げに踏み切ったのは2015年12月。実に9年半ぶりの利上げで、政策金利であるフェデラルファンド（FF）金利の誘導目標を年0〜0.25％から0.25〜0.50％へ引き上げました。景気拡大や雇用の回復などを受けた措置とみられています。続いて2016年12月、2017年3月、6月に利上げを実施しました。

米国の金融政策に注目するのは、同国が世界のいろいろなところで使われている基軸通貨のドルを抱えているからです。世界の多くの貿易取引はドル建てであり、FRBの政策変更に伴ってドルの価格が変動すれば、貿易相手国通貨のドルに対する相場にも影響が及ぶのは必至です。

リーマン・ショック後の金融緩和政策で、経済基盤の脆弱（ぜいじゃく）な新興国へマネーが流入。米国が利上げへかじを切れば、引き締め効果でドルの価値が上昇し、新興国へ向かっていたマネーが流出する可能性もあり、新興国経済には大きな打撃を与えるとの懸念が指摘されています。いきおい、FRB幹部の発言にも耳目が集まっています。

政策金利の行方を確率で表示

まさにかたずをのんでFRBの動向を見守るマーケット。次の利上げは果たしていつなのか。市場関係者の米金融政策の先行きに対する読みを数値化したものが「Fedウオッチ」です。「Fed」(フェド)とは「Federal Reserve System」(連邦準備制度)の「Federal」を略したものですが、市場関係者の多くがFRB(連邦準備制度理事会)の意味で使っています。

「Fedウオッチ」は世界有数のデリバティブ取引所運営会社であるシカゴ・マーカンタイル取引所(CME)グループが算出している金融政策変更の確率を示した数値。市場参加者の金利見通しを敏感に反映するフェデラルファンド(FF)金利先物の価格をもとにはじき出しています。

Fedウオッチのサイトは、棒グラフなどを使って政策金利変更の確率などを分かりやすく示しています。FRBが金融政策を決める会合である連邦公開市場委員会(FOMC)開催日を選ぶと、当該日の政策金利の実現確率が棒グラフで表示されます。

2017年9月26日時点でサイトにアクセスし、11月1日開催のFOMC会合時の政策金利の水準をチェックしたところ、同時点のFF金利の誘導目標を1.00~1.25%とする確率が98%に達しています。これに対して、1.25~1.50%の確率はわずか2%。誘導目標は同年6月の会合で1.00~1.25%に引き上げられて以来、変更はありません。つまり、11月の会合で政策金利が0.25%引き上げられる確率は2%にとどまり、同金利据え置きの確率が98%とマーケットがみていることを示しています。

これに対して、同年12月13日の会合時点のFF金利の誘導目標水準は1.25~1.50%の確率が76.4%。1.00~1.25%の確率は22.1%です。12月の会合では約76%の確率で利上げが行われると予想しているわけです。

12月会合での利上げ確率が7割以上に高まったのは9月に開かれた

FOMC会合の直後です。同会合でFRBは翌10月からのバランスシートの縮小開始を決めました。リーマン・ショック後に買い入れた国債など保有資産の額を減らしていこうという措置で、金融政策正常化へさらに歩みを進めようとの意思の表れです。

政策金利変更の確率の変化もFedウオッチの過去データでチェックできます。エクセル形式のファイルに収められており、それを見ると、9月の会合直前の段階で、12月会合時に利上げに踏み切る確率は40～50%台でした。9月会合を受けて利上げ期待が一気に膨らんだ格好です。

一方、2018年をチェックすると、6月13日開催予定の会合で0.25%の利上げが行われる確率が32.9%に達している反面、1.25～1.50%にとどまる確率も48.5%と高い水準です。Fedウオッチを見るかぎり、2018年前半に金利が据え置かれる可能性は5割近いといえます。

アクセス方法

指標・情報名 Fedウオッチ／CME FedWatch Tool
発表日時 毎営業日
発表者 シカゴ・マーカンタイル取引所グループ／CME Group
URL（トップページ） http://www.cmegroup.com
行き方 ❶トップページで、上段に並ぶタブメニューの1つ「Trading」（取り引きする）にカーソルを合わせる。 ❷表示されるメニューのうち、右側の「Getting Started」（始める）の下位項目「Tools & Resources」（ツール&リソース）をクリックする。 ❸次の画面で「Featured Tools」（注目のツール）の1つ「CME FedWatch」をクリックする。デフォルトで表示されるのは、いちばん近いFOMCの開催予定日で、上部にある他の開催予定日のタブをクリックするとあらためて棒グラフが表示される。

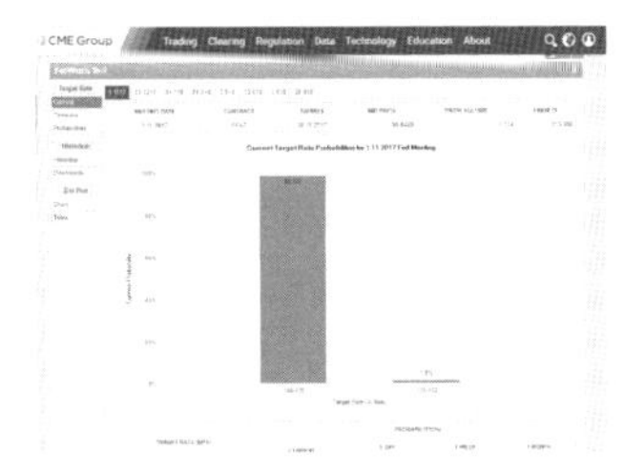

4. ボラティリティー・インデックス(VIX)

別名「恐怖指数」、投資家心理の変化を反映

リーマン・ショック後の金融市場の波乱で一躍脚光を浴びるようになったのがボラティリティー・インデックス（VIX、ヴィックス）です。日本では「VIX指数」などとも呼ばれています。

同指数は投資家心理のリスク許容度の変化を反映したもので、別名「恐怖指数」。投資家心理が強気へ傾くと指数が低下し、逆に弱気ムードが支配的になると上昇する傾向があるからです。

リーマン・ショック後に金融市場で頻繁に使われるようになったのが、「リスクオン」「リスクオフ」という言葉です。先進各国の中央銀行が大規模な量的金融緩和政策へこぞってかじを切った結果、ジャブジャブとあふれたマネーの一部は銀行の企業向け貸し出しなどに回らず、金融市場へ流入。「過剰流動性相場」を演出しました。そうしたおカネの流れに着目したのがこの2つのキーワードなのです。

「リスクオン」とは、株式や商品など値下がりのリスクが比較的高い商品（「リスク資産」といいます）へ投資家が資金を振り向けようとの機運が高まった状況を指します。「リスクオフ」はその逆。リスク資産への投資を手控え、格付けの高い国債など「ノンリスク資産」へ資金を待機させようとの動きが強まった状態です。

「リスクオン」へ傾くと、通常株価が値上がりする一方でVIXが下落。

これに対し、「リスクオフ」のムードが台頭すると、株価は値下がりしVIXが上がります。このため、VIXの推移を見れば、「リスクオン」の局面なのか、それとも「リスクオフ」の状態なのか見極めが可能。つまり、運用資金をどのような資産に振り向けるべきかという投資判断に役立つというわけです。

では、円相場との関係はどうでしょうか。VIXが下落、すなわち「リスクオン」の色合いが濃くなると円安が進行。VIXが上昇、「リスクオフ」の様相が強まると円が買われやすくなる傾向があります。円は日本の金融システムに対する不安の少なさなどを背景に「安全通貨」あるいは「逃避通貨」などと位置付けられています。

このため、世界経済の先行きをめぐって警戒感が強まるような状況では、円が資金の受け皿になりやすいといえます。また、日本は世界最大の債権国。日本の個人、企業、政府が海外に持つ資産から負債を差し引いた対外純資産の残高は2016年末の時点で350兆円近くに達しています。「有事」のリスクが強まると、「日本の居住者が海外に持っている資産を引き上げるのに伴って外貨を円に換える動きが強まる」との連想も働きやすく、円高進行を促す側面もあります。

20ポイントを超えると警戒域

VIXを算出しているのは米国のシカゴ・オプション取引所（CBOE）です。金融の世界でシカゴといえば、先物やオプションなど派生商品（デリバティブ）で有名な街。VIXは、ニューヨークダウ30種平均と並ぶ同国の代表的な株価指標であるS＆P500種株価指数のオプション価格を指数化したもので、CBOEではVIXのオプションが取引されています。

VIXの推移はCBOEのサイトで確認が可能。過去のデータをエクセル形式でダウンロードすることもできます。CBOEのホームページで上部の「Products」というタブをクリック。続いて「VIX Index & Volatility」

→「VIX Options & Futures」の順にクリックします。そして、スクロールで下に行くと、「Spreadsheets with Historical Price Data」が出てきます。ここにVIXの日々の四本値（始値、高値、安値、終値）データが収録されています。

VIXは通常、20ポイントを超えると警戒域入りを意味し、30ポイントを上回ると投資家が「総悲観」の状態に陥っていることを示すといわれています。リーマン・ショック発生直後の2008年10月には、81ポイント台まで跳ね上がりました。当時のマーケットが恐怖心一色に染まっていた証しといえるでしょう。

最近では、2016年の英国の国民投票でEU（欧州連合）離脱が決まった直後に20ポイントの警戒域を突破。同年11月にも米国の大統領選の混戦が伝えられたのを嫌気して同水準まで上昇しましたが、その後は落ち着いた動きに。2017年には10ポイントを割り込む場面もありました。

▶米 CBOE ボラティリティー・インデックス（2008年9月～）

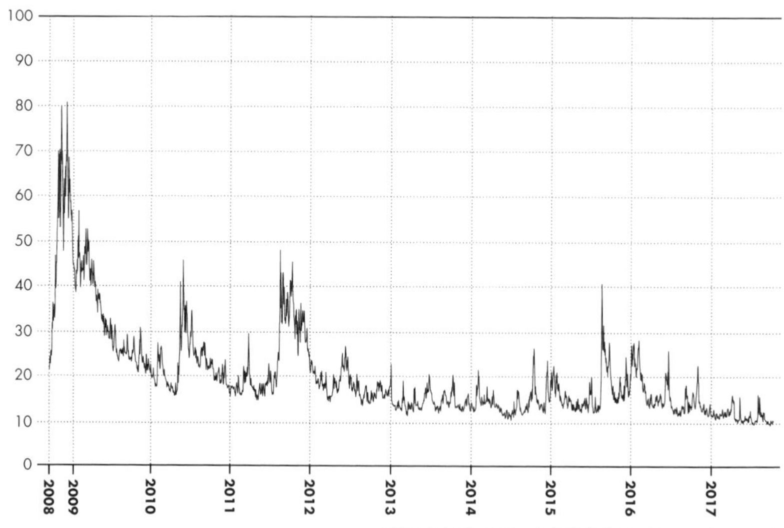

出所：シカゴ・オプション取引所（http://www.cboe.com）

東京証券取引所では現在、個別銘柄だけでなく株価指数連動型上場投資信託（ETF）の売買も行われています。ETFには、上場していない投資信託商品と異なり、毎日の取引時間中に売ったり買ったりすることができるという特徴があります。

VIXのETFも上場商品の1つです。株価の先行きに対する不安が高まってきた場合には、VIXのETFを購入するのも1つの考え方かもしれません。

ただ、気を付けなければならないのは、VIXの値動きが激しい点です。それだけにVIXが急上昇したのを見てETFを買ったら、翌日には急落してしまったということにもなりかねません。実際、運用会社のVIX連動ETFの販売資料には、リスクが高いことや長期保有には適さない商品である旨が記載されています。VIXの活用時にはほかの指標なども併せてチェックすることを忘れないようにしましょう。

アクセス方法

指標・情報名 ボラティリティー・インデックス／CBOE Volatility Index

発表日時 毎営業日

発表者 シカゴ・オプション取引所／CBOE (Chicago Board Options Exchange)

URL（トップページ） http://www.cboe.com

行き方 トップページから行くのではなく、検索エンジンで「www.cboe.com/Volatility」と検索すると直接該当ページに着ける。

5. 経済政策不確実性指数

不安感の高まりを映し出すもう1つの指標

「不確実性」はマーケットを読み解く上でのキーワード。米CBOEが算出しているVIXの項目でも触れましたが、投資家の不安心理は金融市場の価格形成に大きな影響を与えます。

マーケット関係者にかぎらず、世の中全体の心理状態の変化を反映する指数を取り上げます。Economic Policy Uncertainty（EPU、経済政策不確実性）というところが発表している経済政策不確実性指数です。米国の大学教授らが開発した指数で、①経済政策の不確実性に言及している新聞記事の数、②将来期限切れとなる税制優遇措置の数、③エコノミストの経済予想に関するばらつき、が構成要因です。

先行きに対する不安感を反映

EPUのホームページには世界全体の不確実性指数だけでなく、日米両国など20あまりの国の同指数のデータが収録されています。まず、米国のデータをチェックしてみましょう。

米国の過去データをダウンロードすると、「News-based Economic Policy Uncertainty Index」（新聞記事ベースの経済政策不確実性指数）が出てきました。『ニューヨーク・タイムズ』『USAトゥデー』『ウォール・

ストリート・ジャーナル』など全米10大新聞を対象に記事を検索。「議会」「立法」「ホワイトハウス」「規制」「連邦準備」「赤字」というキーワードで検索してふるいにかけ、「不確実性」「経済」「政策」の3つの言葉すべてが含まれている記事を抽出。増減を指数化したものです。経済政策の不確実性に言及した記事の増加は、先行きに対する不透明感の高まりを反映したものというわけです。

同指数を見ると、最近では2016年11月に254ポイントまでハネ上がりました。同月には米国の大統領選挙でドナルド・トランプ氏が当選を果たしました。まさにトランプ大統領の経済政策のかじ取りをめぐって不安感が台頭した時期に一致しています。

同指数はその後、低下傾向をたどって2017年11月下旬は70～80台の水準。一時に比べて不安感が後退していることを示唆しています。

日本のデータもチェックしてみましょう。経済政策不確実性指数は2016年6月に212まで上昇しましたが、2017年10月は97まで下落しています。2016年6月は英国のEU離脱（ブレグジット）のタイミングと重なります。人手不足感の強まりに伴う雇用環境の改善などがプラスに働いているのかもしれません。

VIXとの違いに着目するのも活用法の1つ

不確実性が高まると指数がハネ上がるのは米CBOEのVIXと同じです。ただ、2017年の経済政策不確実性指数とVIXの動きをチェックすると、両指数の相関が高いように見えません。

米国の不確実性指数は月次だけでなく日次ベース、つまりデイリーでも算出されています。「US Daily EPU Index」をクリックすると、「US Daily News Index」の説明が書かれたページが出てきます。このページでデータをダウンロードすることが可能です。2017年11月末時点では不確実性指数が最も高い水準に達したのは7月24日で305ポイント。これに対してVIXのピークは8月10日で16.04ポイントです。

2017年に入って11月末までの不確実性指数の平均値は98.23ポイント。2016年平均の83.25ポイントを上回っています。トランプ大統領の経済政策をめぐる不透明感が指数の動きに反映されているとみられます。

ところが、VIXは落ち着いた動き。警戒圏入りを示す20ポイントを一度も上回っていません。金融市場では政治や政策に対するリスクを軽視しているのでしょうか。

ただ、政策の不透明感が一段と強まれば、マーケット関係者の不安心理が高まる可能性も否定できず、慎重な対応が必要かもしれません。こうした両指数のかい離に着目し、その上で投資戦略を考えるのも活用方法の1つです。

アクセス方法

指標・情報名　経済政策不確実性指数／Economic Policy Uncertainty Index
発表の頻度　月1回（一部は毎日）
発表者　経済政策不確実性／Economic Policy Uncertainty
URL（トップページ）　http://www.policyuncertainty.com
行き方　❶トップページの中央に折れ線グラフが大きく表示されている。　❷世界全体の指数「Monthly Global Economic Policy Uncertainty Index」のほか、新聞記事ベースの米国の指数「US Daily News-based Economic Policy Uncertainty Index」などが中央に表示されている。ページ左には国・地域別のメニューなどが並ぶ。過去データは「National EPU Indices」のブロックにある「UK Historical」（英国）、「US Historical」（米国）をクリック。次ページの上部に「Download UK/US Historical EPU Data」というリンクが現れるので、そこをクリックするとエクセルファイルがダウンロードできる。

6. 米商品先物取引委員会（CFTC）建玉明細報告

ヘッジファンドなど投機筋の動きをチェック

日本の株式相場の先行きを見極める際に、外国為替市場の円相場の動向は極めて重要な判断材料といえます。日本株は円安局面で上昇し、円高になると売られる傾向があります。

株式市場の代表的な指標である日経平均株価は輸出関連株の値動きに比較的影響を受けやすいのが特徴。それは輸出関連株に株価水準の高い「値がさ株」が多いからです。日経平均は基本的に単純平均の指数。となると、時価100円の株が1%（＝1円）動くよりも同1,000円の株が1%（＝10円）変動したほうが日経平均へのインパクトは大きくなります。

円安が進行すれば輸出企業の収益が膨らむとの思惑から値段が上昇して日経平均を押し上げます。逆に円が買われると、輸出企業の収益が目減りするとの懸念が強まって日経平均が下落。ドル・円相場と日経平均株価の推移を折れ線グラフで見ると、両者の間にこうした関係が強いのは明らかです。

投機筋のポジション推移に注目

このため、株式市場では為替の変動を気にする人が多く、外国為替市場で円を売り買いしている人たちも日本株の値動きを注視しています。

そこで注意しておきたい統計の1つが、米商品先物取引委員会（CFTC）が集計し、公表しているシカゴ・マーカンタイル取引所（CME）の「IMM（国際通貨市場）ポジション」。CMEの通貨先物部門であるIMMの売買動向です。

ポジションとは「持ち高」のこと。建玉（たてぎょく）ともいいます。「ドルロングのポジションが積み上がっている」という外国為替市場に関する説明は、ドルの買い持ち高が膨らんでいることを意味しています。

IMMポジションでは、円を売ってドルを買ったままの人（買い持ち＝ロング）、ドルを売って円を買ったままの人（売り持ち＝ショート）がどれだけいるかを確認できます。この推移をチェックするのが実はとても大事。そうすることで為替相場の先行きを予測しやすくなるからです。

ドルのロングが増えたりショートが減ったりしている状況ならば、ドルを買う人が多く、将来ドル高になる可能性が高いと判断できます。一方、ドルのロングが減少あるいはドルのショートが増加しているのであれば、ドルを売る人が多いことになり、ドル安へ振れやすいとみることができるでしょう。

「IMMポジション」は世界的に知られた統計。特に多くの市場関係者が短期で取引を行う投機筋（Non-Commercial）のポジションの推移に注目しています。投機筋の中でも主役は海外のヘッジファンド。日本の株式相場でも存在感を誇示しており、円と株式の先物を組み合わせた売買などを活発に行っています。2012年11月からスタートした「アベノミクス相場」と呼ばれる日本株の上昇は、ヘッジファンドなどの「円売り・日本株買い」に後押しされたとみられています。

「ヘッジファンドの投資姿勢は概して順張り」との声が専門家からは聞かれます。「順張り」とは相場の流れに逆らわず、上昇局面で買い、下落局面で売るスタンスのこと。これに対して、日本の個人投資家はむしろ「逆張り」が中心。相場が下落したところで反発を狙って買いを入れる向きが少なくありません。

となると、ヘッジファンドの影響力が大きければ、彼らのポジションと為替は同じ方向へ動くことになります。ドルの買い持ちが膨らんでいれば、ドル高進行の可能性が高まるというわけです。

投機筋の円先物ポジションの見方

「IMMポジション」はCFTCのホームページで確認することができます。ただ、サイト内の分かりにくいところにあり、慣れるまではデータにたどり着くのに時間がかかるかもしれません。

まずはCFTCのサイトにアクセス。上段に並ぶタブの1つ「Market Data & Analysis」(市場データと分析) にカーソルを合わせ、「Commitments of Traders」(建玉明細) という項目をクリックします。すると、画面左側の「Commitments of Traders」の下に「Historical Compressed」(過去データ) という項目が見つかります。「Compressed」とは「圧縮された」という意味。つまり、ここに膨大な過去データが収録されているのです。

「Historical Compressed」をクリックすれば、各種データがまとめられたページへ移行します。データはエクセルとテキスト両方の形式で収録されています。IMM通貨先物の投機筋のドル・円ポジションの推移は「Futures Only Reports」(先物報告書) のファイルで確認が可能です。

ダウンロードするとあまりにもデータが多く、探すのをあきらめてしまいたくなるほどです。「Market and Exchange Names」(市場・取引所名) をずっとスクロールしていくと、「JAPANESE YEN - CHICAGO MERCANTILE EXCHANGE」(日本円 - シカゴ・マーカンタイル取引所) という項目が並んでいるところにたどり着きます。これが、円先物のポジションの推移を示したものです。

「NonComm_Positions_Long_ALL」が「投機筋の円買いのポジション」で、「NonComm_Positions_Short_ALL」が「円売りのポジション」。買い

が売りを上回っていれば投機筋は買い越しとなっており、逆に買いが売りを下回っていれば投機筋は円を売り越しているという見方ができます。

2017年に入ってからの推移をチェックしてみましょう。年初から売り越し基調が続いており、7月18日には売りと買いの差し引きで12万6,919枚の売り越しと、2017年最大の売り越し幅に達しました。「枚」とは先物取引などでよく使われる単位。1枚は1,250万円です。

それ以降は一時売り越しが縮小しましたが、9月半ばからは再び増加に転じています。こうした投機筋の円売りポジションの変化は何を意味するのでしょうか。円の先安感が売り越し幅の再拡大の背景にあるとすれば、日本株には追い風といえるかもしれません。

ほかにも有用な投資情報を多数収録

CFTCのサイトに収められている膨大な量のデータには、原油の指標である米国のウエスト・テキサス・インターミディエート（WTI）先物

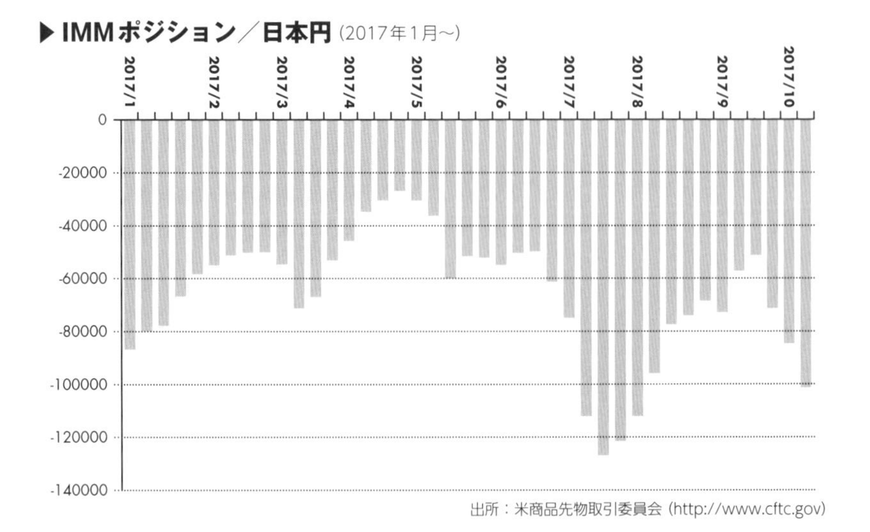

や金先物など世界の金融市場の関係者が注視する商品相場の投機筋のポジションも含まれています。探し出すには手間がかかりますが、投資情報としては有用なものばかりです。

CFTCが各取引所で売買されている為替、金利、商品先物などのポジションを取りまとめて公表するのは毎週金曜日の午後3時30分（米国東部時間）。発表されるのは当該週の火曜日時点のポジションです。

外国為替市場のドル・円相場がIMMポジションなどを材料に乱高下するといったケースはさほど耳にしません。前出のとおり、トレンドを予測する上で有効な物差しといえるでしょう。

「Futures Only Reports」を読む

Market_and_Exchange_Names	As_of_Date_In_Form_YYMMDD	Report_Date_as_MM_DD_YYYY	NonComm_Positions_Long_All	NonComm_Positions_Short_All
JAPANESE YEN - CHICAGO MERCANTILE EXCHANGE	170425	4/25/2017	48538	75407
JAPANESE YEN - CHICAGO MERCANTILE EXCHANGE	170418	4/18/2017	45761	76224
JAPANESE YEN - CHICAGO MERCANTILE EXCHANGE	170411	4/11/2017	43316	78080
JAPANESE YEN - CHICAGO MERCANTILE EXCHANGE	170404	4/4/2017	41313	87113
JAPANESE YEN - CHICAGO MERCANTILE EXCHANGE	170328	3/28/2017	42886	96067
JAPANESE YEN - CHICAGO MERCANTILE EXCHANGE	170321	3/21/2017	35039	102026
JAPANESE YEN - CHICAGO MERCANTILE EXCHANGE	170314	3/14/2017	35563	106860
JAPANESE YEN - CHICAGO MERCANTILE EXCHANGE	170307	3/7/2017	39203	93903
JAPANESE YEN - CHICAGO MERCANTILE EXCHANGE	170228	2/28/2017	29012	79029
JAPANESE YEN - CHICAGO MERCANTILE EXCHANGE	170221	2/21/2017	29954	80116
JAPANESE YEN - CHICAGO MERCANTILE EXCHANGE	170214	2/14/2017	27701	78985
JAPANESE YEN - CHICAGO MERCANTILE EXCHANGE	170207	2/7/2017	25874	80934
JAPANESE YEN - CHICAGO MERCANTILE EXCHANGE	170131	1/31/2017	32216	90547
JAPANESE YEN - CHICAGO MERCANTILE EXCHANGE	170124	1/24/2017	27127	93967
JAPANESE YEN - CHICAGO MERCANTILE EXCHANGE	170117	1/17/2017	28560	106390

JAPANESE YEN - CHICAGO MERCANTILE EXCHANGE	170110	1/10/2017	26041	105880
JAPANESE YEN - CHICAGO MERCANTILE EXCHANGE	170103	1/3/2017	37962	124726

出所：米商品先物取引委員会（http://www.cftc.gov）

【語句】

Market and Exchange Names　市場・取引所名
As of Date In Form YYMMDD　日付 年月日
Report Date as MM DD YYYY　報告日 月日年
NonComm Positions Long All　投機玉 買い すべて
NonComm Positions Short All　投機玉 売り すべて

参考

CFTC Contract Market Code　CFTC契約市場コード
CFTC Market Code　CFTC市場コード
CFTC Region Code　CFTC地域コード
CFTC Commodity Code　CFTC商品コード
Open Interest　総取組高
Spread　スプレッド
Comm Positions　実需玉
Tot Rept Positions　大口合計
NonRept Positions　非報告玉

【解説】

過去データが収録された「Historical Compressed」で、先物のみを集計した「Futures Only Reports」から、ある年のエクセルファイルをダウンロードします。1つのファイルに、「行」は1万前後、「列」は100を超える膨大なデータが収められています。

ここでは、日本円の1月～4月の行、A, B, C, I, Jの列を抜粋して掲載しました。実際にエクセルファイルをダウンロードし、該当個所をチェックしてみてください。探し出すには前後の項目名も知っておくといいでしょう。

表組みですので、短縮された用語が多用されています。投機筋を表す「Non-Commercial」は「NonComm」、実需筋を表す「Commercial」は「Comm」、報告なし（報告の必要がない小口投資家）

の「Non-Reportable」は「NonRept」などです。上記の表には入っていない用語もいくつか参考として挙げておきました。まずはチェックすべきデータの用語を覚えましょう。

アクセス方法

指標・情報名 IMM通貨先物ポジション／Futures Only Reports
発表の頻度 週1回
発表日時 毎週金曜日
発表者 米商品先物取引委員会／CFTC (U.S. Commodity Futures Trading Commission)
URL（トップページ） http://www.cftc.gov
行き方 ❶トップページで、上段に並ぶタブメニューの1つ「Market Data & Analysis」（市場データと分析）にカーソルを合わせる。 ❷表示されるメニューのうち「Commitments of Traders」（建玉明細）をクリック。 ❸ページ左のメニューから「Commitments of Traders」のブロックにある「Historical Compressed」（過去データ）をクリック。 ❹ページの真ん中あたりにある「Futures Only Reports」（先物報告書）のやや下にある表から、見たい年号と「Excel」をクリックすると、圧縮フォルダに入ったエクセルファイルがダウンロードできる。

7. 米エネルギー情報局(EIA)統計

世界最大の石油消費国&生産国のデータをチェック

資産運用に際して、商品(コモディティー)の価格を見るのも大事です。コモディティーを対象にした金融商品へ投資している場合にはもちろん、株式や為替などの取引を行っているときにも商品相場の変動が材料になるケースが頻繁にあるからです。

コモディティーの代表選手といえば、原油と金。原油の値下がりを手掛かりに株が売られるといったことも頻繁に起こります。

ここでは原油のデータについて説明しましょう。原油価格を見る際に大事なのは需要と供給の状況です。価格は需給動向に対して敏感に反応します。

需給を見る上でチェックしておくべきホームページは主に3つ。国際エネルギー機関(IEA)、石油輸出国機構(OPEC)、米エネルギー情報局(EIA)のサイトです。

IEAは1974年、第1次オイルショック後に当時の米キッシンジャー国務長官の提唱で設立されました。「先進国クラブ」などといわれる経済協力開発機構(OECD)の枠内の機関です。

IEAのホームページでチェックしておきたいのが「Oil Market Reports」。「石油市場月報」などと訳されています。上部の「PUBLICATIONS」(公表資料)というタブをクリックすると、次のページのいちばん下にある「Browse publication series」（資料を閲覧する）の1つの項目として「Oil Market Reports」を見つけることができます。

クリックすると、ビジター向けの「Please see our free public access site.」（無料でアクセスできる公開サイトをご覧ください）という案内が目に入るでしょう。さらにここをクリックしてみると、「Oil Market Report」のページに飛ぶことができます。左側にある「Public report」（公開リポート）の文字の下には、「非会員は最初の発表から2週間遅れでアクセスすることが可能」との説明があります。この「Public report」をさらにクリック。出てきたのは「Highlights」です。世界の需給動向などに関する解説がまとめられています。全文をダウンロードすることもできます。

OPECのホームページでもトップ画面の中段に並ぶメニューに「OIL MARKET REPORT」があり、同じように月報が収録されています。氏名、メールアドレスなどを入力すると、PDF形式のファイルなどをダウンロードできます。最初のページの「Oil Market Highlights」にはIEAのリポートと同様、当該月の世界の需給増減などの説明が記されています。

EIAのホームページには「Weekly Petroleum Status Report」（週間石油在庫統計）が収められています。リポートを開くと、ハイライトには週間ベースの米製油所の稼働率やガソリンの生産量、原油輸入の状況、在庫や価格の推移などが書かれています。

3つのリポートの特徴を把握しておこう

IEAやOPECのリポートが世界の需給動向に触れているのに対して、EIAのリポートでは当たり前のことかもしれませんが、米国の状況にしか言及していません。それでも、米国の情勢を押さえる必要があるのはなぜでしょうか。世界最大の石油消費国であると同時に、世界最大の生産国でもあるからです。

EIA公表の数字などについて報じる日本語のニュース記事や日本の商品取引会社による解説コメントなどを探し出すことは可能です。しかし、目に触れているのはあくまでも加工された二次情報です。加工された段階で、本当に必要な情報が削除されているかもしれません。価格形成に大きな影響を及ぼす米国の状況を詳しく知りたければ、英語で書かれた一次情報に直接アクセスするのがベストです。

原油相場のアナリストには「3つのリポートのサマリー（＝ハイライト）を見ておくだけで十分」との見方もあります。収録されたデータ量は膨大で、細かくチェックしようとすれば時間がいくらあっても足りません。しかも、IEAのホームページには有料データも数多く収録されている印象です。個人には簡単に手を出せそうにない価格のものも少なくありません。

3つのサイトの情報に接する際には、それぞれの「クセ」を頭に入れておくのも大事です。IEAは前出のようにOECD枠内の機関。OECD加盟は現在35カ国で、日米両国や欧州の主要国などが名を連ねています。このため、どちらかといえば、「消費国寄りの視点」で書かれているといえるでしょう。

これに対して、OPECは産油国間の石油政策の調整や一元化を図ろうという組織です。加盟は現在、13カ国。以前に比べると発言力の衰えが指摘されていますが、それでも世界全体の約4割を占めるカルテルです。

リポートには当然、産油国の意向が色濃く反映されています。価格は上昇したほうが各国の懐は潤うはず。それを踏まえた上で、リポートに記載された需給見通しなどを確認するといいでしょう。

その点、米国は繰り返しになりますが、世界最大の消費国かつ生産国。となると、リポートなどの内容は中立的なスタンスを反映したものといえるかもしれません。

クッシングの在庫水準は要チェック

原油といっても、油種はさまざま。日本を含むアジアの市場では中東産ドバイ原油が指標とされています。世界の原油相場の指標は米国のウエスト・テキサス・インターミディエート（WTI）原油先物です。

WTIは「キング・オブ・オイル」（原油の王様）と評される存在。ガソリンや軽油などが多く取れる軽質原油で、硫黄分も少ない高級品です。欧州の指標とされる北海ブレント原油も軽質油ですが、品質はWTIに劣ります。

WTI先物はシカゴ・マーカンタイル取引所（CME）傘下のニューヨーク・マーカンタイル取引所（NYMEX）で取引されており、他の品種の価格形成にも大きな影響を与えます。先物の場合、現物の受け渡しで決済を行うことが可能。現物の貯蔵場所が米オクラホマ州のクッシングというところです。このため、市場参加者はクッシングのWTIの在庫水準を気にしています。

▶ WTI価格とクッシング在庫 (2017年1月〜)

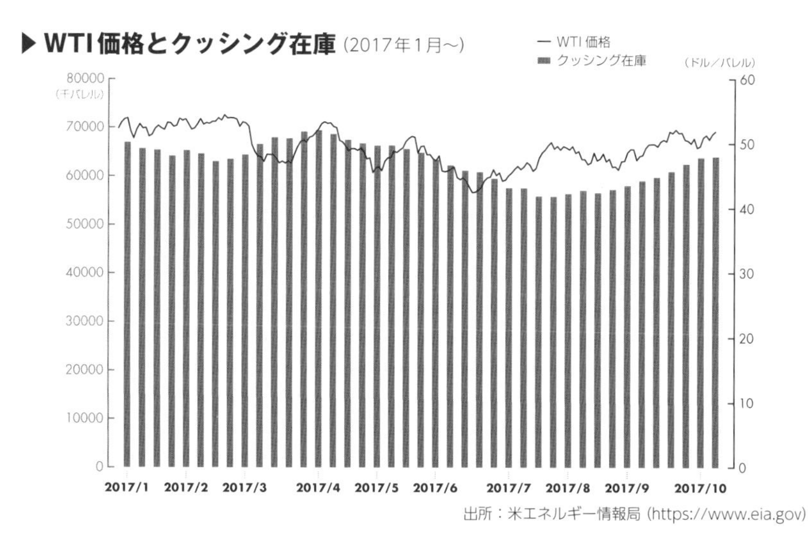

出所：米エネルギー情報局（https://www.eia.gov）

WTI価格の推移は多くのサイトに掲載されていますが、クッシングの在庫水準の確認に関してはEIAのホームページにアクセスすることをお勧めします。むろん、EIAのサイトにはWTI価格のデータも収録されています。

EIAのサイトを訪れる専門家は「非常に使いやすい」と口をそろえます。トップページで上部にある「Sources & Uses」(供給と消費)というタブにカーソルを合わせ、右列の「Hightlights」(ハイライト)の「Weekly Petroleum Status Report」をクリック。すると、原油、ガソリンなどの週間の価格推移や在庫、生産の状況などをまとめて収録したファイルがCSV、エクセル、PDFの各ファイル形式でズラリと並んでいます。データにたどり着くのは比較的簡単で、「使いやすい」と専門家が指摘するのもうなずけるところです。

クッシングは、米国の国防石油行政区(PADD)の分類で5つに分かれているうちの「PADD 2」という中西部地域に位置しています。「Stock of Crude Oil by PAD District, and Stocks of Petroleum Products, U.S. Totals」と名の付いたファイルを開くと、クッシングの在庫量が確認できます。2017年11月24日時点では5,831万バレルです。

過去からの変遷を知りたいのであれば、エクセルファイルを開けてみましょう。17年は4月7日の6,942万バレルがピークでそれ以降、減少傾向にあります。

価格変動に影響を及ぼす実需以外のファクター

理屈の上では需給動向を反映した原油在庫の量が多ければ、価格は値下がり。逆に在庫が少ないと価格は値上がりするはずです。ところが、4月7日のWTI先物の価格が1バレル＝52.24ドルだったのに対し、9月15日は同49.89ドル。在庫が減っているにもかかわらず、値段は下落しています。かと思えば、10月以降は在庫が増加傾向にあるものの、値段も上昇基調にあります。

なぜでしょうか。ほかにも価格変動を左右するファクターが多く存在しているからです。ひと口に「需要」といっても、石油製品を消費する人たちの「実需」だけではなくさまざまな「需要」があります。

2000年代前半からしばしば聞かれるようになった言葉が、「コモディティーの金融商品化」。海外の機関投資家などが商品（コモディティー）を株や債券と同じように投資対象となる資産の1つと位置付け、運用資金の一定割合を振り向けるようになりました。こうした新たな需要に後押しされて、WTI先物は2008年のリーマン・ショック前に1バレル＝150ドル近い水準まで急騰を演じました。

リーマン・ショックをきっかけにした先進国の中央銀行による大規模な量的緩和で、世界中を駆けめぐったマネーの一部が商品市場に流れ込んだ面もあります。このため、原油のマーケットも株式や為替と同様、米国の金融政策のかじ取りを注視しています。FRBが利上げを続ければ、原油市場への資金流入の勢いが鈍って急激な値下がりを招きかねません。マーケットの一部にはそうした警戒感が広がっています。

投機筋の動向も無視できません。ヘッジファンドとみられる資金がコモディティーへ向かい、原油価格が乱高下するケースなども決して珍しくありません。詳しい情報は前出の米商品先物取引委員会（CFTC）のホームページでチェックすることができます。

石油リグの稼働数にも注意

21世紀に入り、ロシアやサウジアラビアを抜いて世界最大の産油国の座に躍り出た米国。石油生産の拡大を後押ししたのは、いわゆる「シェール革命」の進展です。新たな掘削技術の確立で、地下深くに存在している頁岩（けつがん）層（シェール層）に残留する天然ガスや原油などの採取が可能になりました。

従来は採算の面で採掘が難しいとされてきましたが、原油価格の上昇でシェールオイルの競争力が向上。同オイルの存在感は飛躍的に高まり、今ではその生産動向に原油価格も敏感に反応します。

米国でシェールオイルの開発が進むに伴って注目されるようになったデータが、同国の石油リグ（掘削設備）の稼働数です。このデータは同国の石油サービス大手、ベーカー・ヒューズ社が毎週発表しています。同社のホームページに収録されている北米のリグ稼働数を見ると、原油価格が高値圏で推移する中で増加。2014年10月には1,609基に達しました。

ところが、WTI先物価格はすでに同年6月、1バレル＝107ドル台でピークアウトし、同年暮れには53ドル台まで急落。後を追うかのようにリグ数も減少。2016年5月には316基とピーク時の5分の1以下の水準に落ち込みました。

北米のリグ数は減り、それを映して米国の原油生産量も減少しましたが、同年5月以降のWTI先物は50ドル前後でモミ合う動きがしばらく続いていました。2017年11月時点のリグ稼働数は一時期から回復してきましたが、900基台にとどまっています。

それでも、供給の縮小が原油価格の大きな回復にはつながっていません。シェール革命で米国の生産動向が原油市場の価格形成に大きな影響を及ぼすようになりましたが、現時点ではそれ以外のファクターをマーケットが材料視しているとみるべきでしょう。

だからといって、リグの稼働数を軽視していいというわけではありません。大事なのは理屈どおりに価格が動かない原因がどこにあるかを考える姿勢ではないでしょうか。一次情報にアクセスするのが望ましい理由もそこにあるような気がします。

「Weekly Petroleum Status Report」を読む

Refinery Activity (Thousand Barrels per Day)

	Four Weeks Ending		
	10/13/17	10/6/17	10/14/16
Crude Oil Input to Refineries	15975	15908	15822
Refinery Capacity Utilization (Percent)	87.6	87.3	87.2
Motor Gasoline Production	9870	9811	9744
Distillate Fuel Oil Production	4829	4769	4629

See Table 2.

Stocks (Million Barrels)

	10/13/17	10/6/17	10/14/16
Crude Oil (Excluding SPR)	456.5	462.2	468.7
Motor Gasoline	222.3	221.4	228.0
Distillate Fuel Oil	134.5	134.0	155.7
All Other Oils	470.8	475.1	488.0
Crude Oil in SPR	671.7	672.4	695.1
Total	1955.8	1965.2	2035.5

See Table 1.

Net Imports (Thousand Barrels per Day)

	Four Weeks Ending		
	10/13/17	10/6/17	10/14/16
Crude Oil	5800	5988	7112
Petroleum Products	-2366	-2271	-2205
Total	3434	3717	4907

See Table 1.

Products Supplied (Thousand Barrels per Day)

	Four Weeks Ending		
	10/13/17	10/6/17	10/14/16
Motor Gasoline	9345	9421	9083
Distillate Fuel Oil	3720	3916	3975
All Other Products	6854	6906	7002
Total	19918	20243	20060

See Table 1.

Prices (Dollars per Gallon except as noted)

	10/13/17	10/6/17	10/14/16
World Crude Oil (Dollars per Barrel)	-	-	-
Spot Prices			
WTI Crude Oil - Cushing (Dollars per Barrel)	51.43	49.34	50.35
Conv. Regular Gasoline - NYH	1.691	1.632	1.541
No. 2 Heating Oil - NYH	1.675	1.670	1.400
Ultra-Low Sulfur Diesel Fuel - NYH	1.795	1.745	1.555
Propane - Mont Belvieu	0.945	0.930	0.584

	Retail Prices		
	10/16/17	10/9/17	10/17/16
Motor Gasoline - Regular	2.489	2.504	2.257
Motor Gasoline - Midgrade	2.764	2.780	2.516
Motor Gasoline - Premium	3.003	3.025	2.742
On-Highway Diesel Fuel	2.787	2.776	2.481

See Table 10,11,12,14

出所：米エネルギー情報局（https://www.eia.gov）

【語句】

Refinery Activity (Thousand Barrels per Day)　製油所活動（単位：千バレル／日量）
Crude Oil Input to Refineries　製油所処理量
Refinery Capacity Utilization　製油所稼働率
Motor Gasoline Production　ガソリン生産量
Distillate Fuel Oil Production　留出油生産量
Stocks (Million Barrels)　在庫（単位：百万バレル）
Crude Oil (Excluding SPR)　原油（SPR除く）
Motor Gasoline　ガソリン
Distillate Fuel Oil　留出油
All Other Oils　その他
Crude Oil in SPR　SPR原油
Net Imports (Thousand Barrels per Day)　純輸入量（単位：千バレル／日量）
Crude Oil　原油
Petroleum Products　石油製品
Products Supplied (Thousand Barrels per Day)　製品供給（単位：千バレル／日量）
Prices (Dollars per Gallon except as noted)　価格（単位:注記のない場合ドル／ガロン）
World Crude Oil (Dollars per Barrel)　国際原油価格（ドル／バレル）
Spot Prices　スポット価格
WTI Crude Oil - Cushing (Dollars per Barrel)　WTI原油 - クッシング渡し（ドル／バレル）
Conv. Regular Gasoline - NYH　一般ガソリン - ニューヨーク港渡し
No. 2 Heating Oil - NYH　ヒーティングオイル - ニューヨーク港渡し
Ultra-Low Sulfur Diesel Fuel - NYH　超低硫黄軽油 - ニューヨーク港渡し
Propane - Mont Belvieu　プロパン - モントベルビュー渡し
Retail Prices　小売り価格
Motor Gasoline - Regular　ガソリン - レギュラー
Motor Gasoline - Midgrade　ガソリン - ミッドグレード
Motor Gasoline - Premium　ガソリン - プレミアム
On-Highway Diesel Fuel　オンハイウエー軽油

【解説】

「週間石油在庫統計」の要点がまとめられた「Highlights」の中のデータ表を取り上げました。「Highlights」にはデータ表のほかに、生産、輸入、在庫、供給、価格などの主要事項の動向を概説した文が載っています。データ表の詳細は「Table 1」「Table 2」などの別表で確認できます。

データ表に出てくる「Four Weeks Ending」とは、例えば「10/13/17」であれば「2017年10月13日を最後とする4週間」、つまり「2017年9月16日（土）～2017年10月13日（金）」を指します。

この表にも短縮された用語がいくつか使われています。「SPR」は「Strategic Petroleum Reserve」（戦略石油備蓄）、「Conv.」は「Conventional」（一般〔（ガソリン〕）、「NYH」は「New York Harbor」（ニューヨーク港〔渡し〕）。なお、ヒーティングオイル（暖房用の石油製品）は原油から分留して2番目に取れることから「No. 2 Heating Oil」と呼ばれています。

アクセス方法

指標・情報名　週間石油在庫統計／Weekly Petroleum Status Report
発表の頻度　週1回
発表日時　毎週水曜日
発表者　米エネルギー情報局／EIA（U.S. Energy Information Administration）
URL（トップページ）　https://www.eia.gov
行き方　❶トップページで、上段に並ぶタブメニューの1つ「Sources and Uses」（供給と消費）にカーソルを合わせる。　❷表示されるメニューのうち、右側の「Highlights」（ハイライト）の下位項目「Weekly Petroleum Status Report」をクリック。　❸次の画面で、「Highlights」のすぐ下の「Weekly Petroleum Status Report Highlights」の右に並ぶPDFのうち、「1:00 p.m.」の下にあるPDFをクリックすると、要点をまとめたハイライト版が開く。全ページ版のリポートなら、見出し「Weekly Petroleum Status Report」のすぐ下にある「full report」を選択する。

※❶❷の代わりに、トップページの検索窓に「Weekly Petroleum Status Report」と入れて検索し、該当ページに飛ぶことも可能。

8. 国際通貨基金(IMF)の各種データ

5年先までの各国経済見通しが最注目

国際通貨基金(IMF)は通貨と為替の安定を目的として1945年に設立された国際組織です。前年7月に米ニューハンプシャー州ブレトンウッズで開催された連合国の会議で設立が提案されました。ドルを世界の基軸通貨にすることを決めたことでも知られる「ブレトンウッズ会議」です。IMFの立ち上げには1920〜30年代の世界恐慌の原因となった通貨切り下げ競争を繰り返さないようにしようとの思いが込められていました。

2017年12月時点では世界の189カ国が加盟。「基金」という名のとおり、参加各国の出資で成り立っています。経済・金融危機に直面した加盟国に対しては緊急の金融支援も実施。2009年には財政危機に陥ったギリシャに支援を行いました。本部は米ワシントンに置かれています。トップの「専務理事」はフランスの財務相などを歴任したクリスティーヌ・ラガルド氏。フランスでは政治家としての手腕も高く評価されています。

IMFのデータはマクロ経済や金融市場の分析を専門にしている人々のほとんどが活用しているといっても過言ではありません。同データには「予想」という強力な武器が含まれているためです。IMF加盟各国の経済見通しを定期的に更新しています。「予想」は専門家にとって非常にありがたい存在です。足元の状況を検証するだけでなく、そこから将来の展望を導き出すのが彼らの仕事だからです。

第2章の冒頭でも触れましたが、各国の数字を横並びで比較できるのも便利です。通貨の単位をそろえる手間を省くことができます。また、各国の通貨ベースのデータも収録されています。

5年先まで予想したデータを収録

必見ともいうべきデータの1つが「World Economic Outlook」（世界経済見通し）です。IMFが4月と10月の年2回公表。1月と7月にアップデートが行われます。2017年9月時点でIMFのホームページにアクセスすると、同年4月分の数字を確認することができます。

実際にデータベースをのぞいてみましょう。IMFには日本語のサイトもあり、その役割や融資制度の概要などがまとめられています。しかし、データのチェックには英語のサイトにアクセスする必要があります。まずは「DATA」というタブをクリックしてみてください。さまざまなデータが並ぶ中に「World Economic Outlook Databases」への入り口が見つかります。

その前に「World Economic Outlook Reports」を確認してみます。そこには、IMFが公表している経済見通しのサマリーなどが掲載されています。2017年9月時点では2017年が3.5%、2018年が3.6%という経済見通しを発表していました。

続いて「Database」です。9月30日時点での最新データは同年4月分です。「World Economic Outlook Database April 2017」という表記をクリック。すると、上部には7月のアップデート時の記述があります。日本の2017年の見通しは1.3%と4月から0.1ポイント上方修正されています。

その下に4月分のデータがまとめられています。「Entire Dataset」（すべてのデータセット）をクリックすると、エクセル形式でダウンロードが可能。アルファベット順にアフガニスタンからジンバブエまで各国の1980年からの経済成長率実績が収録されています。前述のとおり、予測値も掲載されており、2022年分までの予想を見ることができます。

IMFの予想は他の国際機関のそれに比べるとやや強めの傾向があります。専門家には「金融支援をしているのだから、強めの数字になるのは当たり前」と冗談交じりに言う人もいます。それを頭に入れた上で予想データを利用する必要はありますが、それでも貴重なデータです。5年先までの世界各国の数字を出している公的機関はほかに見当たりません。

国別の検索機能を活用しよう

筆者がよく使うのは国別の検索機能。ダウンロードしなくてもウェブ上で確認できるからです。まず、先ほどの「World Economic Outlook Database April 2017」をクリックした後に表示されるページで、「By Countries (country-level data)」(国ごとのデータ) をクリック。出てくるのは、対象国が所属するグループを選ぶページです。「All countries」(すべての国)、「Advanced economies」(先進国)、「Emerging market and developing economies」(新興・途上国) といったグループがあります。

ほかにも「ユーロ圏」「ラテンアメリカおよびカリブ地域」などといったくくりもあります。こうしたグループ各国の数字を集計したものも検索することができるなど、とても使い勝手のいいサイトです。

ここでは、「Major advanced economies (G7)」(主要先進諸国、G7) を選んでみます。次に出てくるのは対象国を選択するページ。カナダ、フランス、ドイツ、イタリア、日本、英国、米国の名前が出てきます。各国名の左の四角い枠にチェックが入っていることを確認して「Continue」(続ける) をクリックすると、現れるのは経済指標を選ぶページです。

画面には国内総生産、購買力平価、消費者物価、失業率、人口、財政収支、経常収支など検索対象項目がズラリと並んでいます。ここでは「Population」(人口) を見てみましょう。項目名の左側のボックスをチェックして再び「Continue」をクリックします。次に出てくるのは検索対象期間のページ。期間の最初を「2015年」、最後を「2022年」に設定して「Prepare Report」(リポートを作成する) をクリックすると、検索結果がウェブ上に表示されます。

2015年は実績値。16年はドイツと英国がIMFによる推計値で、ほかの5カ国は実績値です。17年以降はすべて推計値が記載されています。日本の16年の総人口は1億2,609万1,000人でG7各国のうち、米国に次いで2位。22年は1億2,383万2,000人。2位の座は維持しますが、16年から人口が減少するのは日本とイタリアだけ。しかも、日本の減り具合が大きいことなども一目瞭然です。

ウェブ上で表示された結果一覧は、エクセル形式のファイルでダウンロードすることもできます。投資への活用テクニックについては第3章で触れたいと思います。

「World Economic Outlook」を読む

World Economic Outlook Update, July 2017: A Firming Recovery

July 24, 2017

Description: The pickup in global growth anticipated in the April World Economic Outlook remains on track, with global output projected to grow by 3.5 percent in 2017 and 3.6 percent in 2018. The unchanged global growth projections mask somewhat different contributions at the country level. U.S. growth projections are lower than in April, primarily reflecting the assumption that fiscal policy will be less expansionary going forward than previously anticipated.

World Economic Outlook, October 2017: Seeking Sustainable Growth: Short-Term Recovery, Long-Term Challenges

October 10, 2017

Description: The global upswing in economic activity is strengthening, with global growth projected to rise to 3.6 percent in 2017 and 3.7 percent in 2018. Broad-based upward revisions in the euro area, Japan, emerging Asia, emerging Europe, and Russia more than offset downward revisions for the United States and the United Kingdom. But the recovery is not complete: while the baseline outlook is strengthening, growth remains weak in many countries, and inflation is below target in most advanced economies.

出所：World Economic Outlook/IMF (http://www.imf.org)

【日本語訳】

世界経済見通し　改訂 2017年7月：回復に底堅さ

2017年7月24日

説明：4月の世界経済見通しで予想した世界経済の回復は引き続き順調で、世界経済の成長率は2017年が3.5%、2018年は3.6%と予想される。世界全体の成長見通しに変更はなかったが、各国の状況はいくぶん異なっている。米国経済の成長予測は、先に見込まれていたほど積極的な財政政策は取られないだろうとの想定を加味し、4月時点より下方修正された。

世界経済見通し　2017年10月：持続可能な成長を求めて：短期的な回復と長期的な課題

2017年10月10日

説明：経済活動の世界的な回復基調は強まっており、世界経済の成長率は、2017年が3.6%、2018年が3.7%に上昇すると予想される。米国と英国の成長予測は下方修正されたものの、ユーロ圏、日本、新興アジア諸国、新興欧州諸国、およびロシアの予測が軒並み上方修正されたため、世界全体では回復となった。しかし、回復は完全ではない。基調としては改善しているものの、多くの国の成長は弱いままで、先進国の大半でインフレ率が目標を下回っている。

【語句】

firming　堅調な、底堅い
recovery　回復
description　説明
global growth　世界経済の成長
anticipate　予想する
remain　～のままである
on track　順調に
(be) projected to ～　～すると予測される
projection　予測
mask　～を隠す
contribution　貢献
reflect　～を反映する
assumption　想定、推測
fiscal policy　財政政策
expansionary　拡張的な
sustainable growth　持続可能な成長
upswing　上昇傾向
strengthen　強くなる、増加する
rise to ～　～に上昇する
broad-based　広範囲にわたる、幅広い
upward revision　上方修正
emerging　新興の
offset　～を帳消しにする
downward revision　下方修正
complete　完全な
inflation　インフレーション
below target　目標を下回って
advanced economies　先進国

【解説】

「World Economic Outlook」は4月と10月に公表され、3カ月後の7月と1月にアップデートされます。ここでは7月と10月の2回分の見出しとリード文を取り上げました。短い文章ですが、まずは世界経済の成長率の数字を確認するとともに、成長の勢いは強まるのか、弱まるのか、そのトレンドを把握するといいでしょう。

2017年7月は4月の見通しをアップデートしたものですので、見出しに「Update」の文字が入っています。見出しに続くリード文

では3カ月前の時点からの変化を述べていますが、2017年、2018年の成長率に変更はないものの、米国の成長の勢いが弱まっている(U.S. growth projections are lower than in April...)と指摘しています。

2017年10月のリード文では、成長率が前回予測から0.1%上がり、2017年が3.5%から3.6%に、18年が3.6%から3.7%になったことを「rise to (3.6 percent in 2017...)」を使って示しています。続いて、国、地域ごとの見通しの違いを簡潔に説明しています。

アクセス方法

指標・情報名 世界経済見通しデータベース／World Economic Outlook Database

発表の頻度 年2回(ほかに年2回、公表済みのデータをアップデート)

発表日時 毎年4、10月(1、7月に、公表済みのデータをアップデート)

発表者 国際通貨基金／IMF (International Monetary Fund)

URL(トップページ) http://www.imf.org

行き方 ❶トップページで、上段に並ぶタブメニューの1つ「DATA」にカーソルを合わせる。 ❷表示されるメニューのうち、「World Economic Outlook Databases」をクリック。 ❸次の画面で、「World Economic Outlook Database October 2017」など、見たい年月を選択する。 ❹ここから先は本書の本文参照。

9. 経済協力開発機構（OECD）景気先行指数（CLI）

世界景気の6〜9カ月先を占う重要指標

経済協力開発機構（OECD）は1961年に発足した国際機関。①経済成長、②貿易自由化、③途上国支援の「3大目的」への貢献を目指した、先進国間の自由な意見交換を行う場という位置付けです。本部はフランスのパリにあって、現在35カ国が加盟。「先進国クラブ」ともいわれています。

OECDが発表している経済統計のうち、多くの金融市場関係者が注目する指標の1つに「景気先行指数」（CLI：Composite leading indicator）があります。同先行指数は加盟各国の国内総生産（GDP）の変化を6〜9カ月程度先取りして動くため、世界経済の転換点をいち早くつかむのに役立つ指標とされています。

株価は先行きの事象を織り込んで推移します。景気や企業業績などの見通しが価格形成には反映されています。となると、株価予測にはどこまで的確なマクロ・ミクロ経済のシナリオを描くことができるかが重要。この指数はその際に助けとなる指標といえます。

一部の専門家には、「景気先行指数は株価予測の物差しのデファクトスタンダード（事実上の標準）」との指摘もあります。海外には同指数を活用して各国の株式相場全体の1株当たり利益（EPS）予想をはじき出すといった分析を行う投資家も少なくないといいます。同指数の発表は翌々月の10日前後と速報性の面では劣りますが、IMFの推計と同様、将来を占うデータとして市場関係者に重宝されているのです。

指数のトレンドを見ることも大事

景気先行指数のデータにアクセスする際、実は途中まで日本語のサイトを経由することが可能です。OECDには東京センターという日本の拠点があり、独自のホームページを運営しています。同センターのサイトへアクセスして、「主要統計」というタブをクリック。続いて表示される「経済」の「主要指標」という項目に景気先行指数も掲載されています。

ただ、ここから先へ行くには英語の情報に直接アクセスしなければなりません。日本語の「景気先行指数」をクリックすると、英語のサイトへ飛びます。目に入るのは「Composite leading indicator (CLI)」(景気先行指数) という大きな文字です。

景気先行指数もIMFの経済見通しと同じように、ウェブ上で確認でき

▶ OECD景気先行指数 (2015年1月〜)

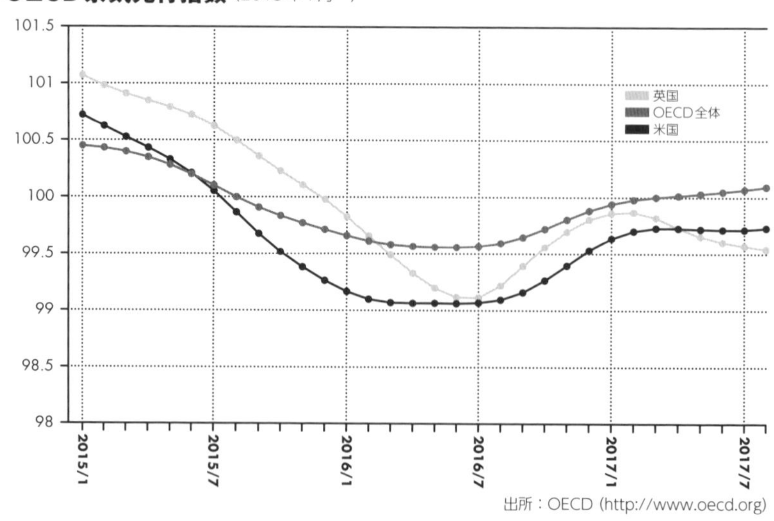

出所：OECD (http://www.oecd.org)

ます。「Table」をクリックすれば、表組みに入った数値が出てきます。対象国や期間の設定を変えることも可能。「Highlighted countries」というところをクリックして対象地域や国を選択すると、当該地域・国のデータの色が赤く変わります。

同指数は通常、水準が100を超えると景気拡大、100を下回れば景気後退期にあることを示唆するとされます。OECD加盟国全体では2017年7月時点で100.12。日本も同100.21と100を上回っています。

もう1つ大事なのが指数の傾向、すなわちトレンドを見ることです。OECD全体の指数の推移をチェックしたところ、2016年6月の99.558をボトムに2017年7月まで上昇が続いています。世界経済全体は上向き傾向にあるといえるでしょう。

気になるのが英米両国の指数の動き。英国は2015年12月、米国は同年7月を最後に、それぞれ100を割り込んだままです。英国の国民投票で「ブレグジット」(EU離脱) が決まったのは2016年6月。同指数が景気に6〜9カ月程度先行するという特徴を考慮すれば、ブレグジット決定の年の半ばごろから、同国経済の後退期入りを示唆していたとみることもできます。

米国経済の先行きにも不透明感が漂っています。同国景気は2009年7月から拡大局面が続いており、戦後3番目の長さになったといわれています。OECDの指数を見るかぎり、さすがに息切れ感が出てきているということでしょうか。

もっとも、両国の先行指数は100を割り込む状態が続いているとはいえ、2016年の夏ごろからは上向きに転じました。足元では米国の指数は横ばいで、英国のそれは再び下向きになっています。

OECDのサイトでは、こうした過去からの指数の動きも折れ線グラフで確認することができます。画面の「Chart」をクリックすると、グラフが表示されます。上向きか下向きか、それとも横ばいなのかといったトレンドが一目瞭然です。

カーソルをグラフに近づけると実際の数値が出てきます（表示期間が長いと数値は表示されません）。対象国や期間も自由な設定が可能。ページ下部の「Source database」の下の「Composite leading indicators」をクリックすれば、過去データが収録されたページへアクセスすることができます。ダウンロードファイルはエクセル、CSVなどの形式。英語だけでなく、フランス語にも対応しています。

「OECD Composite Leading Indicators News Release」を読む

Composite leading indicators continue to point to stable growth momentum in the OECD area

Composite leading indicators (CLIs), designed to anticipate turning points in economic activity relative to trend six to nine months ahead, continue to point to stable growth momentum in the OECD area as a whole.

Stable growth momentum remains the assessment for the United States, Japan, Canada and the euro area as a whole, including Italy, and is now also expected in France. Signs are emerging that growth may be stabilising in Germany. In the United Kingdom, the CLI continues to point to signs of easing growth.

Amongst major emerging economies, growth is expected to gain momentum in India and Brazil as well as in the industrial sector in China. In Russia, there remain signs of easing growth.

出所：OECD Composite Leading Indicators News Release, 7 September 2017 (http://www.oecd.org)

【日本語訳】

景気先行指数　OECD全域の安定成長の勢いを引き続き示す

6〜9カ月先の経済活動の転換点を探る景気先行指数CLIは、引き続きOECD加盟国全体で安定成長の勢いが見られることを示している。

米国、日本、カナダ、およびイタリアを含むユーロ圏全域については引き続き安定成長が見込まれることを示しており、今回はフランスについても安定成長を示した。ドイツの成長は安定化の兆しが見られる。英国のCLIは引き続き成長鈍化の兆しを示している。

主要新興国については、インド、ブラジルおよび中国の工業部門で成長加速が見込まれる。ロシアは引き続き成長鈍化の兆しが見られる。

【語句】

momentum　勢い
anticipate　予想する
relative to ~　～に関連して
stable growth　安定成長
as a whole　全体として
assessment　見極めること、評価
sign　兆し
stabilise　安定する
easing growth　成長鈍化
gain momentum　勢いを増す
industrial sector　工業部門、産業分野

【解説】

OECDが毎月発表するCLIのニュースリリースです。CLIは1種類ではなく、OECD加盟各国のほか、OECD全体（OECD area）、EU、ユーロ圏（Euro area）、G7など、バリエーションに富んでいます。ここで取り上げた見出しと文章の後には、主なCLIの十数年間の推移を示したグラフが続きます。

2017年9月のリリースでは、「stable growth」（安定成長）、「easing growth」（成長鈍化）といった表現で景気の成長周期の見通し

(growth cycle outlook) を説明しています。

第1段落ではOECD全体としては引き続き安定成長にあることを述べています。第2段落ではOECD加盟各国について、安定成長にある国、地域を挙げた後、英国は成長の伸びが弱まっていると指摘。第3段落は主な新興国を取り上げ、インド、ブラジルなどは成長が「growth is expected to gain」(勢いを増している) 一方、ロシアは「signs of easing growth」(成長鈍化の兆し) が引き続きあるとしています。

アクセス方法

指標・情報名　景気先行指数／CLI (Composite leading indicator)
発表の頻度　月1回
発表日時　毎月10日前後
発表者　経済協力開発機構／OECD (Organisation for Economic Co-operation and Development)
URL (トップページ)　https://www.oecd.org/tokyo/
行き方　❶トップページで、上段に並ぶタブメニューの1つ「主要統計」をクリック。　❷「経済」のブロックの「Leading indicators」(主要指標) にある「CLI：Composite leading indicator」(景気先行指数) をクリック。　❸本家サイト (https://www.oecd.org) の景気先行指数のページに飛ぶ。　❹ここから先は本書の本文参照。

10. 欧州連合(EU)統計局のデータ

欧州危機で注目、加盟国間の経済力格差もチェック

ギリシャが2009年、財政赤字の額を実態よりも少なく公表する「粉飾」をしていたことが判明。それに端を発した欧州の財政・金融危機は世界各国にも波及しました。

欧州の金融機関は、プロ同士がおカネのやり取りをするマーケットでの資金調達が難しくなって経営不安が台頭。欧州連合（EU）加盟国間の経済格差の大きさなど問題点が次々と表面化し、1999年に導入された域内の統一通貨、ユーロに対する信認も大きく揺らぎました。

「最大多数の最大幸福」の実現という大きな理想を目指して突き進んだ「統一通貨、統一市場」の大欧州の構想は頓挫。市場ではそれ以降、「世界の火薬庫」として欧州の動向を注視するようになりました。皮肉にも危機が欧州への注目度を高めた格好です。

現在は欧州景気に底打ち感が台頭。成長率は上向きへ転じ、危機も沈静化した感があります。それでも、火種はくすぶり続けています。楽観は許されません。

多くのEU加盟国の失業率は依然として高止まりしたままの状態。財政赤字の削減に取り組めば公務員の収入減につながり、個人消費の頭打ちなどで成長が阻害されるという「合成の誤謬（ごびゅう）」にも直面。財政再建と経済成長を両立させるのは容易でありません。

そこへ新たな不透明要因も浮上しました。英国のEU離脱、いわゆる「ブレグジット」です。EU離脱の是非を問う2016年の国民投票で、英国国民はブレグジットを選択。2019年3月の離脱へ向けて動き始めました。

しかし、EU側との離脱交渉は難航。英国がEUに支払っていない拠出金、いわゆる「手切れ金」などの扱いをめぐる意見の調整はほぼまとまりましたが、それでもクリアしなければならないハードルは依然として多く、決着には時間がかかりそうです。仮に両者の意見がまとまらないまま英国がEUを離脱すれば、英国・EU間の貿易には関税が課されることになって、両地域の経済に大きな影響を与えかねません。これまでのような人の移動の自由が保証されなくなれば、外国人労働力に依存する英国企業に打撃を与える可能性もあります。こうした流動的な要素も頭に入れつつ、欧州の経済情勢を指標などで確認しておきましょう。

日本のメディアの場合、米国や中国などのニュースに比べると欧州のニュースの取り扱いは概して少ないといえます。それだけに、欧州の資産などに投資しようとするなら、ある程度英語情報に慣れておくのが望ましいかと思います。

EU各国のデータの比較が簡単にできる

欧州の経済情勢をチェックする際に必見ともいえるのが、欧州連合（EU）統計局（ユーロスタット、Eurostat）のホームページです。カバーしている領域はマクロ経済にとどまらず、移民や犯罪などのデータも取得が可能。英語だけでなく、ドイツ語やフランス語でも閲覧できます。

ユーロスタットのサイトでなんといっても便利なのは、EU加盟28カ国すべてのデータの一覧を見て各国間の比較ができる点です。ユーロ（加盟19カ国）という単位でもデータが表示されます。ユーロ加盟国以外は自国の通貨を使用していますが、例えばEU各国の国内総生産（GDP）などを比較するときにも為替換算などの煩わしい作業を省くことができます。横並びのデータに日本や米国まで含まれているのも、日本人にとってはありがたい点です。

では、ユーロスタットのサイトを活用して各国の失業率を比べてみましょう。欧州では若年層の就職難が大きな問題になっています。その背景にあるのは「労働市場の硬直化」です。

企業の雇用政策には制約が多く、米国に比べると景気や企業業績の変動に応じた機動的な対応が難しい面があります。その結果、人材の流動化が進まず、景気後退局面では大学を卒業したばかりの若者がなかなか職に就けないといった構造的な問題を抱えているのです。

そこで、15～24歳の失業率をチェックしてみます。2017年7月時点のEU加盟28カ国の失業率は16.8%。ユーロを採用している19カ国だと18.8%に達しています。最も低いのはEU第一の経済大国ドイツで6.5%です。逆に最も高いのは欧州危機の震源となったギリシャで41.4%。次いでスペインの37.8%。スペインも欧州危機の大打撃を受け、2013年2月の若年層の失業率は56.1%に達していました。つまり、2人に1人の若者が就職できていなかったわけです。その後は経済が立ち直り、今では「スペインの奇跡」などとも評されていますが、失業率を見るかぎり、回復は

▶EU各国の15～24歳の失業率（2017年7月）

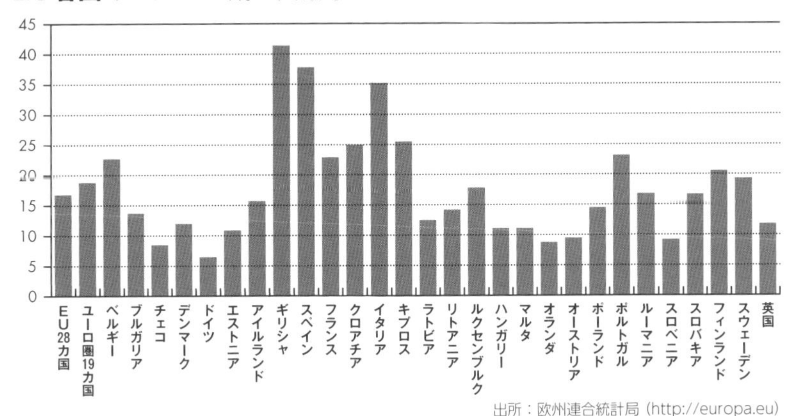

出所：欧州連合統計局（http://europa.eu）

道半ばといえるかもしれません。

域内第2の経済大国フランスは22.9%、第3位のイタリアも35.2%といずれも高い水準です。ブレグジットを決めた英国は11.8%。ちなみに、日本は4.9%、米国は9.0%です。

失業率の数字からは、欧州ではドイツが「独り勝ち」ともいうべき状況が浮かび上がります。ドイツは2000年代半ばに当時のシュレーダー政権が大胆な労働市場改革に取り組みました。企業の解雇制限緩和や失業保険給付期間の短縮などに着手する一方、就労支援機能を強化。そうした一連の施策が奏功し、輸出競争力の向上などに結びついた面があります。

ドイツのほかに7月の失業率が1けた台なのはチェコ、オランダ、オーストリア、スロベニアの4カ国のみ。失業率を見ても域内の経済格差の大きさは歴然としています。これでは財政政策の一本化が簡単ではないのもむべなるかな、といったところでしょう。

各国シンクタンクのサイトと使い分けよう

欧州各国の経済指標はユーロスタットのホームページでなくても確認が可能です。各国のシンクタンクなどのサイトにアクセスしてみるのも1つの方法でしょう。

例えば、フランスには国立統計経済研究所（INSEE、インセ）という公的な統計の作成に携わる政府系の機関があります。INSEEのサイトはフランス語だけでなく英語でも閲覧することができます。INSEEの調べによると、フランスの2017年4〜6月の15〜24歳の失業率は22.7%。2016年7〜9月につけた24.9%のピーク水準を下回ってはいますが、それでもなお雇用環境の厳しさに変わりはなさそうです。

では、ユーロスタットのデータとどちらを使えばいいのでしょうか。INSEEのサイトにアクセスしたほうがフランスの各地域の数字など詳細な情報を得ることができます。例えば、同国には大西洋のグアドループ諸島、マルティニーク島、仏領ギアナなどといった海外県があります。こうした地域の国内総生産（GDP）を知りたい場合、INSEEのホームページでなければなかなか探し出すことはできないでしょう。

一方、欧州の他国との比較に重きを置くのであれば、ユーロスタットのホームページを活用するのが望ましいと考えています。筆者はフランスの経済や政治情勢に関する原稿を執筆する際にはできるだけINSEEのデータを優先的に活用するようにしていますが、むろん使い方はさまざま。サイトのインターフェースの使い勝手の良しあしなども人によって認識が異なるはずです。状況に応じて機動的に対処すればいいのではないでしょうか。

「News release Euro indicators」を読む

July 2017

Euro area unemployment at 9.1%

EU28 at 7.7%

The euro area (EA19) seasonally-adjusted unemployment rate was 9.1% in July 2017, stable compared to June 2017 and down from 10.0% in July 2016. This is the lowest rate recorded in the euro area since February 2009. The EU28 unemployment rate was 7.7% in July 2017, stable compared to June 2017 and down from 8.5% in July 2016. This remains the lowest rate recorded in the EU28 since December 2008. These figures are published by Eurostat, the statistical office of the European Union.

出所：News release Euro indicators, 31 August 2017/Eurostat (http://ec.europa.eu/eurostat)

【日本語訳】

2017年7月

ユーロ圏失業率9.1%

EU28カ国7.7%

2017年7月のユーロ圏19カ国の失業率（季節調整済み）は前月と同じ9.1%で、前年同月の10.0%からは下がった。これは2009年2月以来の低水準。EU28カ国の7月の失業率は、前月から横ばいの7.7%となり、前年同月の8.5%から下がった。2008年12月以来の低水準が続いている。欧州連合統計局（ユーロスタット）による発表。

【語句】

EU28　EU28カ国
EA19　ユーロ圏19カ国
seasonally-adjusted　季節調整済みの
unemployment rate　失業率
stable　安定している、変動がない
compared to ～　～と比較され
the statistical office of the European Union　欧州連合統計局

【解説】

ユーロスタットが公表する各種統計データの中で注目度が高い、失業率に関するニュースリリースです。ここでは見出しと冒頭の段落を取り上げました。見出しは、本書では同じサイズになっていますが、オリジナルではユーロ圏19カ国（Euro area = EA19）の失業率が大きく、EU28カ国（EU28）の失業率が小さい扱いになっています。

本文では、ユーロ圏19カ国、EU28カ国の失業率について前月、前年同月と比較した変化を述べており、また直近の約10年間で最もいい数値であることも記されています。

この後に続く段落では、ユーロ圏19カ国、EU28カ国の失業者数の説明が続きます。

さらに、加盟各国（Member States）の状況や若年者の失業（Youth unemployment）などについて概説。各国の失業率の棒グラフ、ユーロ圏19カ国、EU28カ国の10年以上にわたる失業率の折れ線グラフなども掲載しています。

アクセス方法

指標・情報名　欧州連合統計局のデータベース／Eurostat Database
発表の頻度　統計により異なる
発表日時　統計により異なる
発表者　欧州連合統計局／Eurostat
URL（トップページ）　http://europa.eu
行き方（失業率の場合）　❶トップページで、言語「English」を選択。　❷次の画面で、上段に並ぶタブメニューの1つ「Documents and publications」（文書・出版物）にカーソルを合わせる。　❸表示されるメニューのうち、「Statistics and opinion polls」（統計・世論調査）をクリック。　❹次の画面で、「Most consulted statistics」（最も閲覧される統計）のブロックにある「Unemployment rate」（失業率）をクリックする。

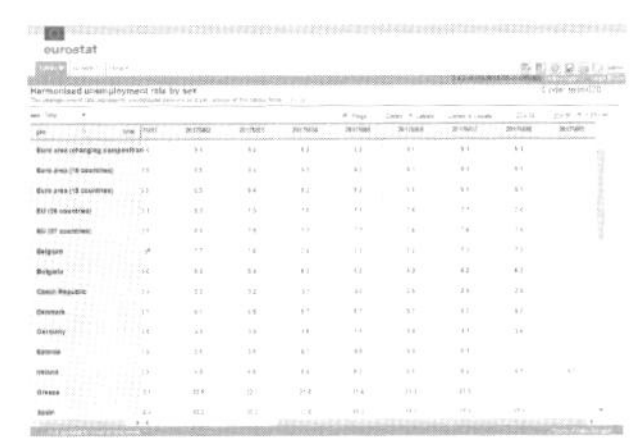

Chapter Three 第3章

《応用編》
投資に役立つ
英語情報の活用法

経済統計を投資に生かす際の注意点

第2章では、株式投資など資産運用を行う際にチェックしておきたい経済指標を中心に説明しました。多くの経済統計は日本語でも情報の収集は可能ですが、その範囲がかぎられている上、英語から日本語に直したときにニュアンスが変わってしまうなどの懸念があることを強調してきました。

第3章では、前章で取り上げた経済統計の活用術に触れるとともに、統計以外に見ておくと役に立ちそうな英語情報についてもお伝えしたいと思います。

統計を投資に生かすテクニックとして取り上げるのが、IMFが公表する指標の活用法です。大半の市場関係者が重視するIMFのデータをプロの投資家がどう利用しているのか。具体例を交えて説明します。

前章までは主として欧米の経済指標中心に解説しました。この章では新興国の統計にも触れたいと思います。

中国の経済指標や統計以外の情報も要チェック

2000年代の後半には金融市場で、ブラジル、ロシア、インド、中国の4カ国の総称である「BRICs」(ブリックス)が経済成長の牽引役として脚光を浴びました。その後、リーマン・ショックの余波などを受けて各国の経済は浮き沈みを繰り返しましたが、4カ国をはじめとする新興国の存在感は、今もなお高まりこそすれ後退することはありません。

特に中国経済の動向は世界全体に大きな影響を及ぼすようになりました。同国の通貨である人民元を使った決済などにはいまだに多くの規制が残る上、経済・金融政策などを見ても「市場原理」が貫かれているとは言い難い面があるのも事実です。

そうした「不透明感」があるにもかかわらず、世界中の企業が依然として大きな関心を寄せているといっても過言ではないでしょう。かつては主に製造業の生産拠点として位置付けられていましたが、現在は13億人の人口を有する巨大な消費市場の将来性がクローズアップされている感があります。第3章では同国の経済指標の見方などを紹介します。

統計以外に役立ちそうな英語情報では、日本企業と同じ領域でビジネスを展開している海外企業の株価、日本企業が外国人投資家に向けて発信している情報、海外の世論調査のサイト、金融市場で注目度の高まるESG投資に前向きな国内企業の探し方などを取り上げました。

また、世界各国の首脳や中央銀行総裁など要人の発言についてもまとめて説明しています。経済・金融関連の英語に普段から慣れ親しんでいないと、要人のコメントを理解するのは簡単でないかもしれません。あくまでも参考程度にとらえていただければ幸いです。

コンセンサス予想や過去発表分の修正にも注目

経済統計を投資に生かす際の注意点があります。それは、市場のコンセンサスが大事だということです。金融市場には統計が公表される前になると、エコノミストらの予想をまとめたコンセンサスの数字が出回ります。

市場関係者が最も注目している指標として第2章で取り上げた米雇用統計の非農業部門雇用者数は前出のとおり、2017年8月には前月比15.6万人の増加となりました。

これを受けて、外国為替市場では一時ドルを売って円を買う動きが強まりました。増加幅が同年5月の前月比14.5万人増以来の低い水準にとどまったのが一因とみられますが、それだけではなく、コンセンサス予想を下回ったのも円高ドル安の進行を後押しした面が大きそうです。

コンセンサス予想は同18万人増でした。これに届かなかったことで、市場ではFRBによる追加利上げ観測が後退。対円でのドル下落につながりました。

注目度の高い経済指標のコンセンサス予想については、外国通信社などが日本語のニュースでもまとめているので、事前に確認しておくといいでしょう。

もう一点、気を付けたいのが過去発表分の修正です。2017年8月の米雇用統計では6月分と7月分の非農業部門雇用者数の数字がともに従来公表分から下方修正されました。6月分は23.1万人増から21.0万人増、7月分は20.9万人増から18.9万人増とそれぞれ増加幅が縮小しました。6月分は7月の発表時の数字が22.2万人増。いったん上方修正された後、下方修正されたわけです。

こうした過去に公表されたデータの見直しもマーケットの価格形成に影響を及ぼすことがあります。2017年8月の米雇用統計に関しては6、7両月の数字がいずれも下方修正されたことも、ドル売りに拍車をかけた感があります。

過去の雇用統計公表時の数字は、米労働統計局ホームページの「Archived」(アーカイブ)に収録されたリリースなどで確認することができます。このように統計で公表分の数字が見直されるのは珍しいことではありません。過去データの修正に伴って雇用増加のピッチが速まったのか、それとも鈍ったのか。あるいは下向きになったのか上向きになったのかといったトレンドの変化などにも注目していただければと思います。

IMFのデータを株式投資に活用

第2章で取り上げたデータを、加工して株式投資に活用する例に触れたいと思います。加工といってもそんなに難しいものではありません。経済の専門家の手掛ける高度な分析テクニックとは比べものにならないほど簡単なものです。データをエクセルファイルにダウンロードし、ちょっと手を加えるだけです。考え方だけでもご理解いただければ幸いです。

第2章のIMFやOECDのデータに関する説明で、「予想」や「見通し」が両者の強みであることに触れました。ここでは、実際にIMFの予想を投資の判断材料に応用する例を挙げます。

日本の上場企業は約3,600社。東証一部上場の一般的にも知名度の高い会社もあれば、東証マザーズなど新興株市場で取引されている小規模ながらこれから成長が期待できそうな企業も存在します。

株式市場における企業の価値を示す時価総額の大きな会社には、海外でも積極的な事業展開を行うところが少なくありません。トヨタ自動車、日産自動車、キヤノン、コマツ……。こうした大企業は日本だけでなく、世界各国に工場などを有しています。一方、新興株市場の上場企業はどちらかといえば、日本での事業が主体。なかには海外で収益を伸ばす企業もありますが、多くは国内が主戦場といえるでしょう。

「こうしたビジネスの舞台の違いは、株式市場における価格形成にも反映されるのではないか」。ここで取り上げる分析手法の底流にある考え方です。アジア、中南米、アフリカなど新興国の経済が好調なときには、世界中に事業のネットワークを張りめぐらす大企業、国際優良株が買われるとみられます。一方、日本を含めた先進国の景気が拡大の足取りを見せている局面では、海外に羽を伸ばす余力は乏しく国内に事業基盤を置く成長途上の企業のほうが相対的に人気を集める可能性がありそうです。ということは、両地域の経済格差に着目して、その変化に応じて資金を振り向ける投資対象を変えると、パフォーマンスの向上につながるのではないでしょうか。

IMFの予想を投資の判断材料に応用する

そこで、IMFのデータを活用し、両地域の経済格差の推移を調べてみます。第2章で取り上げた「World Economic Outlook Database」(世界経済見通しのデータベース)を使います。

まずはホームページ上段の「DATA」のタブにカーソルを合わせ、出てくるメニューの中から「World Economic Outlook Databases」を選びます。

次に「World Economic Outlook Database October 2017」をクリック。次のページで「By Country Groups (aggregated data) and commodity prices」をクリックします。

すると、データ取得の対象地域を選択できるページが現れます。いったん「Clear All」をクリックして、すべての地域の左側ボックスのチェックを解除。続いて、「Advanced economies」(先進国)と「Emerging market and developing economies」(新興ならびに途上国)のボックスにチェックを入れます。

「Continue」を押すと、出てくるのは検索対象のデータ項目。ここでは、「Gross domestic product, constant prices――Percent change」(国内総生産)を選んで「Continue」をクリックします。

次に出てくるページでは検索対象期間の設定変更が可能。開始時期（Start Year）を2000年、終了時期（End Year）を2022年として「Prepare Report」をクリックすると、ウェブ上で2000年から2022年までの両地域のGDPを示した一覧表を確認することができます。

一覧表はエクセルファイル形式でダウンロードが可能。両地域のGDPの格差はエクセル上で引き算すれば、はじき出すことができます。

エクセル上でグラフ化すると、トレンドがよく分かります。成長率だけを見れば、経済の規模の小さい新興国が先進国を一貫して上回っています。2000年から2009年までは新興国優位。リーマン・ショック翌年の2009年には先進国の経済成長率がマイナスに落ち込み、両地域の格差は約6.3ポイントまで広がりました。

2009年以降2015年までは先進国経済が安定する一方で、新興国景気の伸びは減速。両地域の格差は約2.1ポイントまで縮小しました。その後、2022年に向けては再び新興国が優勢。先進国は横ばいからやや下向きで推移する一方、新興国の経済成長は緩やかながら拡大するというシナリオです。2022年の両地域の予想経済成長率は、先進国が約1.7%で、新興国が同5.0%です。

当面は新興国経済の伸びが大きいとの想定に立てば、世界各国に生産

▶IMFデータで作成した、先進国・新興国のGDP推移（2010年〜2022年）

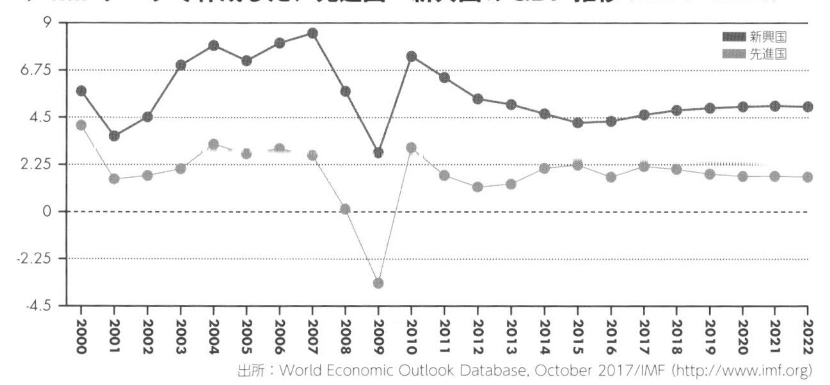

出所：World Economic Outlook Database, October 2017/IMF (http://www.imf.org)

や販売の拠点を置く大企業の株式に投資資金を配分するのも1つの方法かもしれません。IMFのサイトには全加盟国の経済予測のデータが収録されています。特定の国・地域に重点展開している企業の将来を見極める際にも、IMFの見通しのデータは参考になるでしょう。ここではGDP成長率を例に説明しましたが、ほかにも失業率、財政収支など多様なデータがあり、さまざまな活用法があります。

海外の同業他社の株価も有用な投資情報

スマートフォンのiPhone（アイフォーン）でおなじみ、米IT機器大手のアップル。日本の株式市場ではiPhoneの次期モデルへの思惑などを背景にしばしば「アップル関連銘柄」が人気を集めます。

アルプス電気、村田製作所、TDK、ミネベア、日東電工……。主な関連株はiPhone向けに部品を供給している会社です。

米ナスダック銘柄のアップル株は2016年5月の安値をボトムに右肩上がりで推移。同時点の90ドル台から2017年8月には160ドルを超える水準まで値上がりました。

買い材料はいろいろありますが、1つは2017年9月のiPhone 8の発売です。登場がうわさされていた段階から株式市場では期待が膨らみ、2017年に入ると上昇ピッチが加速。2015年5月に付けた上場来高値を上回りました。

関連銘柄の動きはどうでしょうか。ミネベアミツミの株価をチェックしてみます。

同社はミネベアとミツミ電機が2017年1月に経営統合して誕生した会社です。旧ミツミ電機は電子部品メーカー。旧ミネベアは自動車などに使われるベアリングの大手企業として知られていますが、最近ではスマホ向けのLED（発光ダイオード）バックライトが新たな収益の柱として急成長しています。ベアリングで培った加工技術を応用し、他社ではまねできないような薄型バックライトの量産に成功しました。

株価は2016年7月からほぼ一本調子で上昇。アップル株と軌を一にした推移となっています。アップル関連銘柄への投資を考える際には、アップル株が指標になるというわけです。

アップル株の値動きはYahoo!ファイナンスの英語版だけでなく、日本語版でもチェックすることが可能です。アップルのサイトには「Investor Relations」(インベスター・リレーションズ、投資家向け広報)のページがあり、そこでも株価を確認することができます。

同業界の海外企業の株価も有用な情報

関連銘柄の株価が参考になるという観点では、同じ業界の海外企業の株価も投資の有用な情報になります。

日本を代表する建設機械メーカーといえばコマツ。売上高2兆円近くに達するグローバル企業で、中国を中心に新興国でも強みを発揮しています。海外の売上高は全体の約8割を占めます。

しかし、同社は世界レベルだと2位。コマツを上回る建設機械業界の巨人ともいうべき存在が、米キャタピラー社です。世界各地でビジネスを展開しており、日本にも拠点を構えています。売り上げは日本円で4

▶**キャタピラーとコマツの株価の推移**(2015年11月〜2017年10月)

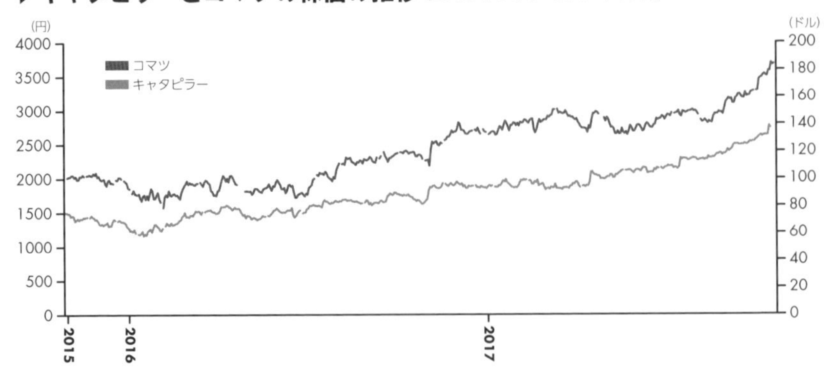

兆円を上回る規模です。

キャタピラーとコマツの株価をグラフにしてみると、同じような軌跡を描いているのが分かります。個別企業の株価形成には、むろん会社固有の要因も織り込まれていますが、同じ業界で世界を舞台にしているという点で両社は共通。値動きが似通うのも当然かもしれません。

キャタピラーの株価もYahoo!ファイナンスなどでチェック可能ですが、同社のホームページにも株価など投資家向けのさまざまな情報が掲載されています。サイト上でE-mailアドレスを登録すると関連情報が自動的に送られてくるサービスも行っており、自ら株価を確認する手間が省けます。

Yahoo!ファイナンス英語版では、過去データをCSVファイルでダウンロードすることができ、比較したい海外同業他社の株価データを入手するのに便利です。手順は、Yahoo!ファイナンス英語版のトップページ（https://finance.yahoo.com）にアクセスし、ページ上部の検索窓に比較したい海外企業の社名、またはティッカーシンボル（下記参照）を入力して検索。次のページで、中ほどに並ぶタブのうちの「Historical Data」（過去データ）をクリック。さらに次ページで、「Time Period」（期間）の「Start Date」（開始日）、「End Date」（終了日）などを指定した上で、ダウンロードボタンを押すとファイルが手に入ります。

検索に便利な「ティッカーシンボル」

米国株式の株価を確認するときに、覚えておくと便利なのが「ティッカーシンボル」です。上場している銘柄を識別するためのコードで、日本でいえば「証券コード」に相当するもの。日本だと、例えば前出のミネベアミツミだと「6479」、コマツならば「6301」といった具合に4ケタの数字のコードが付いていますが、ティッカーシンボルはアルファベットです。アップルならば「AAPL」、キャタピラーだと「CAT」です。

米CNNの運営するサイト（http://www.cnn.com）で金融情報などを入手するには、まず「Money」というタブをクリック。出てきたページの右上には「stock tickers」と書かれた検索用の窓が現れます。ここに「CAT」と入力すると、キャタピラー社の株価ならびに株価チャート、同社のプレスリリースなどがまとめられたページにアクセスすることができます。

ナスダック（NASDAQ）のサイトには「Symbol Lookup」（http://www.nasdaq.com/symbol）という検索機能があり、ナスダック、ニューヨーク証券取引所などに上場している企業のティッカーシンボルのほか、株式関連情報を調べることが可能です。また、ページ左のメニューの1つ「Stock Comparison」（銘柄比較）を使うと、複数銘柄の株価をグラフにするなどして簡単に比較することができます。

日本企業の英語IR情報も投資の材料に

第1章で日本の株式市場での外国人投資家の売買シェアが6～7割に達していると説明しました。株主として保有している割合も全体の約3割に達しています。大株主名簿の上位には海外勢が名を連ねているケースもあります。海外の投資ファンドによる買収の標的に日本企業がなる例も増えてきました。

こうした情勢の変化に伴い、英語で株主・投資家向け情報を発信する日本企業も増加。投資家向け広報（IR）のコンサルティング会社によると、財務諸表などを盛り込んだ年間の事業報告書、いわゆる「アニュアルリポート」の英語版を自社のホームページに掲載している上場企業は全体（約3,600社）のうち、500社程度に達しているといいます。

機関投資家やアナリストを対象に開催する決算説明会の資料も、日英2カ国語のバージョンを作成している企業が珍しくありません。多くの上場企業のサイトが現在、投資家向け情報の専用ページを設けており、そこに英語の資料も掲載しています。「Investor Relations」（投資家向け広報）などと書かれたタブをクリックすると、各種資料が収録されたページが現れます。

ただ、全体で見れば「IR先進企業」は少数にとどまるのが現状といえます。英語版「オリジナル」の資料を収録したホームページはさほど多くありません。

関係者によると、海外に足を運んで説明会を開いたり、機関投資家を訪問したりしているのが300社前後。日本企業の英語による投資家向けの情報発信はまだ緒に就いたばかりといえるのかもしれません。

海外投資家に目を向けた経営を行う企業

それでも、英語版の資料からは海外投資家を意識した経営をしているかどうかという企業側の姿勢を垣間見ることができます。投資先を選ぶ際の判断材料にもなりそうです。

前出のコンサルティング会社の経営者は、「日本のプレゼンテーション資料には会社概要などから始まるものが多いが、海外投資家はトップの経営理念・哲学、5〜10年先に会社をどうしたいかという中長期のビジョンをむしろ重視している」などと話しています。

この経営者は「リスク情報も大事」と指摘します。企業のかじ取りを行う上でリスクは何か。リスクが現実のものとなった場合には、どのように軌道修正を行ってリスクを解消しようと考えているのか。海外勢はそうした点も重視するのです。

健康診断で採取した血液の検査などの臨床検査事業を手掛ける、みらかホールディングスは英語での投資家向け情報発信に積極的な企業の1つです。社長自らが毎年、海外へ出向いて投資家との議論も積み重ねています。

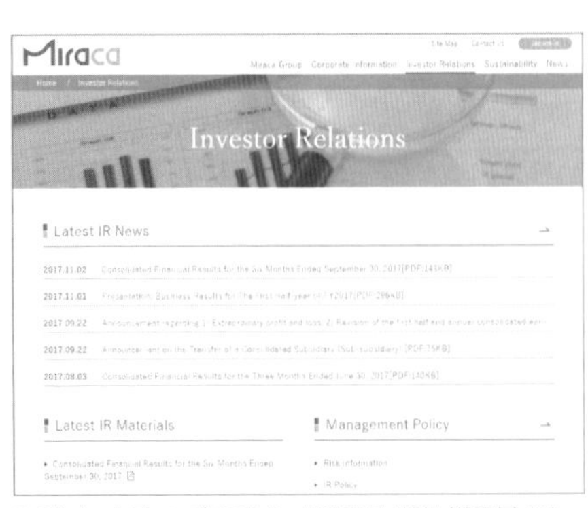

みらかホールディングスの株主・投資家向け情報（英語版）のトップページ（https://www.miraca.com/en/ir）

同社が2017年5月に公表した中期経営計画（2018年3月期を初年度とする3カ年計画）には、ある「変化」がありました。「みらかグループの新たな理念体系」との見出しが付いたページには、「医療における新しい価値創造を通じて、人々の健康に貢献する」という「Mission」や、「革新的な検査技術とサービスを生み出し、医療の信頼性向上と発展に貢献する」との「Vision」が掲げられています。

英語版にも同様の説明が記載されています。これは前年の2016年に就任した新社長の発案によるものといいます。実際、前回2014年5月に公表した「新中期経営計画」の資料に「Mission」や「Vision」は見当たりません。

同社の外国人投資家の株式保有比率は50%を超えています。新社長のもと、海外投資家に目を向けた経営へさらにアクセルを踏み込んだ感があります。

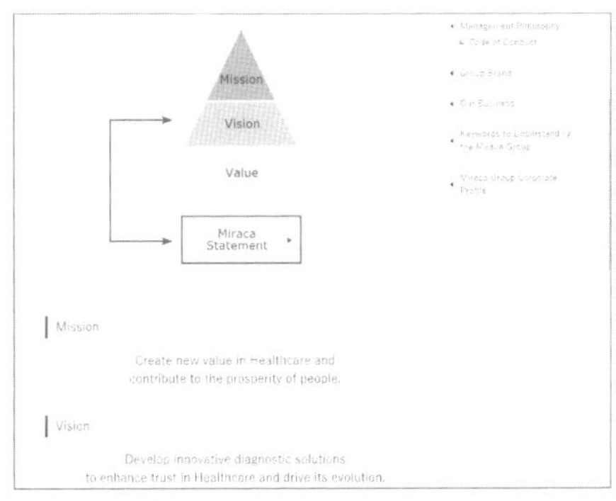

みらかグループのMission、Visionは英語サイトにも記されている

みらかグループの特徴を数値などで説明。日本語サイト、英語サイトの両方にある

米中間選挙で威力発揮、役に立つ世論調査データ

第2章では政府や国際的な機関などが公表しているデータや定性的な情報を中心に説明しました。しかし、金融市場が注視しているのは経済や金融関連の情報ばかりではありません。

特に株式市場は「森羅万象を映す鏡」などといわれます。ありとあらゆるものを材料視するのが株の世界です。

2016年から2017年にかけては海外の政治イベントが相場を大きく動かしました。2016年6月には英国のEU離脱の是非を問う国民投票が行われ、「ブレグジット」が決まりました。同年11月には米大統領選挙で共和党候補のトランプ氏が劇的な勝利を収め、世界中に驚きが広がりました。2017年も英国総選挙やフランスの大統領選など政治イベントが目白押しでした。

相場にとって政治は大きなリスクファクターの1つ。政権が交代すれば、経済政策運営のかじ取りが大きく変わる可能性もあります。マーケットが注視するのは当然といえるでしょう。

世論調査の結果をチェックできるサイト

選挙では事前の世論調査の動向に市場参加者が一喜一憂します。2016年は調査の精度が問われました。英国の国民投票では残留を望む国民が離脱を主張する国民よりも多いとの予想が支配的でした。しかし、開票

が進んで離脱派が優勢になるにつれ、開票時間と重なった日本の株式市場では売りが先行。株価は大幅な下げを演じました。

米国の大統領選も事前の世論調査とは異なる結果となりました。各種調査は民主党のクリントン候補の勝利を示唆。ところが、フタを開けてみると、当初は泡沫(ほうまつ)候補とさえいわれていた共和党のトランプ候補がクリントン候補を打ち破って当選。同大統領選でも東京市場は開票結果を最も早く映し出すマーケットだっただけに、「ショック安」に見舞われました。マーケットは事前の調査を信じ切っていたため、いずれも「ネガティブ・サプライズ」という形で反応したのです。

ただ、2017年5月のフランス大統領選は、ほぼ事前の世論調査どおりの結果でした。中道右派のマクロン氏が勝利。同国で史上最年少の39歳の大統領が誕生しました。

精度に問題があるとはいえ、選挙の世論調査は金融市場にとって軽視できないのは確か。米国の世論調査の結果をチェックするときに役立つのが、「RealClearPolitics」(リアル・クリア・ポリティクス)というニュースサイトです。

同サイトは2000年に立ち上げられたもので、リアル・クリア・メディア・グループが運営。同グループは米シカゴに本拠を構えています。

ウリの1つが「RCP Poll Average」(RCP世論調査平均値)。各機関の世論調査結果の平均値を集計したものです。日本でもそうですが、国のトップを決める選挙や国政レベルの選挙では、多くの調査機関が世論調査を実施しており、すべてに目を通すのは難しいかもしれません。そんなとき、リアル社の調査は頼りになる存在といえるでしょう。

サイトをのぞいてみると、2016年の米大統領選の世論調査の結果が残っています(2017年10月31日時点)。「RCP Average」ではクリントン候補の支持率が46.8%に対して、トランプ候補は43.6%でクリントン候補優勢を示しています。

10社の調査機関による調査の結果も同時に掲載されています。1つの機関以外はすべてクリントン候補の支持率がトランプ候補を上回っています。今では「トランプ大統領寄り」といわれるFOXニュースでさえも4ポイント差でクリントン候補がリードという結果です。

2018年には米国で中間選挙が控えています。世界の金融市場参加者はトランプ大統領の手綱さばきを注視しており、中間選挙の動向にも耳目が集まるのは必至。いきおい、リアル社のデータが役に立つ機会も増えることでしょう。

アクセス方法

指標・情報名　RCP世論調査平均値／RCP Poll Average
発表の頻度　随時
発表日時　随時
発表者　リアル・クリア・メディア・グループ／RealClear Media Group (RCMG)
URL (トップページ)　https://www.realclearpolitics.com
行き方　❶「RCP Poll Average」「RCP Average」というページが設けられているわけではなく、各調査のページに平均値も掲載されている。　❷各調査のページにはさまざまなルートで行けるが、例えばトップページ上段のタブメニューの1つ「Polls」(世論調査) にカーソルを合わせる。　❸表示されるメニューのうち、「Latest Polls」(最新世論調査) をクリックすると、世論調査の一覧が新しい順に表示される。　❹いずれかの調査名をクリックすると、詳細が現れる。見出し「Polling Data」(世論調査データ) に続く各機関の調査結果のいちばん上に「RCP Average」がある。支持率であれば「Approve」(支持する)、「Disapprove」(支持しない)、選挙であれば候補者名が並び、それぞれの数値をチェックできる。

ESG投資に前向きな銘柄を探し出そう

日本の株式市場などで最近、「ESG投資」が注目されるようになりました。ESGとは環境（Environment）、社会（Social）、ガバナンス（Governance）の頭文字を組み合わせた言葉。これらに配慮している企業を選んで資金を振り向けるのがESG投資です。

「E」は地球温暖化や水資源の保護などの環境、「S」は女性の活躍の後押しや労働環境の改善、「G」は株主の権利保護や法令順守などにそれぞれ配慮しているかといった基準で投資対象を選別。前向きな企業には投資する一方、消極的な企業からはおカネを引き上げようというものです。「ESGを重視した企業の株価は長期的に見るとパフォーマンスがいい」と、ある海外の資産運用会社の担当者は指摘します。

こうした投資手法が広がったのは、2006年に国連のアナン事務総長（当時）が機関投資家に対して、責任投資原則（PRI）を投資の意思決定のプロセスに組み込むよう提唱したのがきっかけです。責任ある投資家として企業に積極関与していくことや、ESG問題について開示を求めていくことなど6つの原則から構成されています。

ESG投資の額は世界全体で約22兆ドル。日本円にすると、2,500兆円近い規模です。国連によるPRIの提唱を受けてまずは欧州で普及。欧州における運用資産全体の53%がESG投資という調査結果もあります。その後、米国やカナダでも広がりました。

欧米で拡大した背景には、宗教的な倫理観からタバコや武器などのビジネスを手掛ける企業への投資を避けようという考えがあったのが一因とされています。

日本ではGPIFがESG投資の流れを後押し

これに対して、日本をはじめアジアでは、ESG投資は比較的新しい考え方かもしれません。それでも、日本は2014年以降ESG投資が急増。現在は50兆円を超える規模に膨らんでいます。

金融庁が同年、機関投資家の行動規範となる「日本版のスチュワードシップ・コード」を発表。その中でESGなどの「非財務情報」などに関する投資先企業の状況の的確な把握を求めました。2015年には150兆円近い運用資産を抱えた世界最大級の年金基金である、日本の年金積立金管理運用独立行政法人（GPIF）がPRIに署名。これらが日本におけるESG投資の流れを後押ししています。

2017年7月にはGPIFが日本株の3つのESG指数を選び、約1兆円の運用を開始。これを機に市場関係者の関心が一段と高まりました。GPIFは中長期的にESG投資を拡大していく方針を掲げています。

GPIFが選定した指数のうち、ESG全体を対象とした「総合型」は、英国の指数会社FTSE算出の「FTSEブロッサムジャパン指数」と、米国の指数会社MSCIの「MSCIジャパンESGセレクト・リーダーズ指数」の2つ。それに「テーマ型」として、女性の活躍に着目した「MSCI日本株女性活躍指数」を選びました。

ESG指数への影響度の高い銘柄の探し方

GPIFの運用は指数に連動した投資パフォーマンスを上げようとするパッシブ型と呼ばれるスタイルです。指数に連動させようとすれば、指数算出の対象となる構成銘柄を同じウエイトで運用資産に組み入れる必要があります。ということは、各指数への寄与度の高い銘柄に投資すれば、長い目で見てパフォーマンスの向上につながる可能性があるわけです。巨額の運用資産を有することから株式市場で「クジラ」とも称されるGPIFが中長期的に資金を振り向けるとなれば、価格に及ぼすインパクトは決して小さくないでしょう。

ESG指数はGPIFが選んだ3つ以外にも多数存在します。米国のS&Pダウ・ジョーンズ・インデックス社（S&P Dow Jones Indices）も同指数をはじき出しています。

同社はダウ工業株30種平均やS&P500など米国の株式市場を代表する指数の算出で広く知られています。英語版のホームページにアクセスし、上段にある「Indices by Asset Class」（資産種類別の指数）のタブをクリック。表示されるメニューの「Equity」（株式）というカテゴリーに「ESG」という項目が見つかります。ここをクリック。次に「Smart Beta ESG」（スマートベータESG）というタブをクリックすると、ページ右側に複数の指数がグラフ付きで並んでいます。最初のページにない場合は、下にある「2」をクリックして「S&P/TOPIX 150 ESG Factor Weighted Index」（S&P/TOPIX 150 ESGファクター加重指数）を選びます。次に「Constituents」（構成銘柄）をクリックすると、同指数への影響度の高い銘柄の一覧が出てきます。

組み入れ比率の高い順に10銘柄。NTTドコモ、日本電信電話（NTT）、本田技研工業、パナソニック、MS&ADインシュアランスグループホールディングス、ニコン、SOMPOホールディングス、第一生命ホールディングス、東京海上ホールディングス、大和証券グループ本社です（2017年12月1日時点）。

S&P/TOPIX 150は東京証券取引所とS&P社が共同で開発した日本を代表する株価指数で、算出対象は150銘柄。10社はその中でもESGに対して特に前向きな会社ベスト10というわけです。

アクセス方法

指標・情報名　S&P/TOPIX 150 ESGファクター加重指数で組み入れ比率の高い上位10銘柄／Top 10 By Index Weight, S&P/TOPIX 150 ESG Factor Weighted Index

発表者　S&Pダウ・ジョーンズ・インデックス／S&P Dow Jones Indices

URL (トップページ)　https://us.spindices.com

行き方　❶トップページで、上段に並ぶタブメニューの1つ「Indices by Asset Class」(資産種類別の指数)をクリック。　❷表示されるメニューのうち、「Equity」(株式)というカテゴリーにある「ESG」をクリック。　❸「ESG」というタイトルの下に並ぶタブメニューの1つ「Smart Beta ESG」(スマートベータESG)をクリック。　❹ページ右側に並ぶ複数の指数(グラフが大きく表示されている)のうちの「S&P/TOPIX 150 ESG Factor Weighted Index」をクリックする。「Smart Beta ESG」の最初のページにない場合は、グラフなどのすぐ下にある「1」「2」というページ数の「2」をクリックして「S&P/TOPIX 150 ESG Factor Weighted Index」を選ぶ。　❺ページ右半分のボックスの上部に並ぶタブメニューの1つ「Constituents」(構成銘柄)をクリックすると、「Top 10 By Index Weight」(組み入れ比率の高い上位10銘柄)が見られる。

※❶～❹の代わりに、トップページの検索窓に「S&P/TOPIX 150 ESG Factor Weighted Index」と入れて検索し、該当ページに飛ぶことも可能。

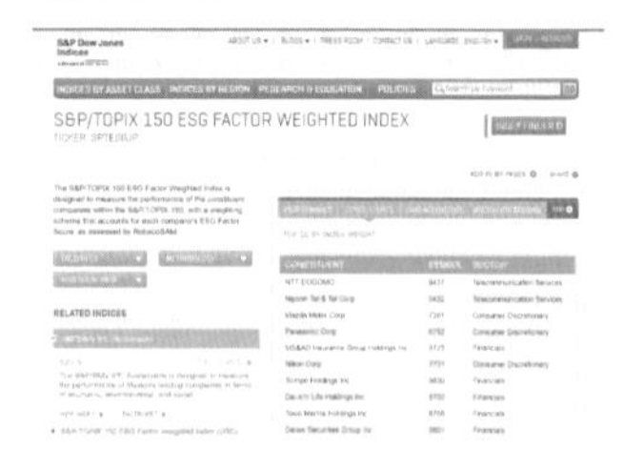

中国の統計は どれが正しい?

今や国内総生産(GDP)で日本を追い抜き、米国に次ぐ2位に躍り出た経済大国の中国。日本をはじめとする各国の企業は生産拠点としてだけでなく、人口13億人の巨大な消費市場として注視するようになりました。同国の需要が商品(コモディティー)相場の価格形成に大きな影響を与えるなど、世界経済の行方を見極める上で無視できない存在です。

しかし、同国の統計などをチェックする際に看過できないのが信頼性の問題です。特に、同国発表のGDPをめぐっては、「信用できるのか」といった懐疑的な声が専門家の間にも少なくありません。

GDPを公表している中国国家統計局(National Bureau of Statistics of China)のホームページには英語の情報も収録されています。

GDPの公表は各国と同様、毎四半期。まず、http://data.stats.gov.cn/english にアクセスし、上部に並ぶタブの1つ「Quarterly」(四半期)をクリック。次に画面左側の「Indicators」(指標)のうち、「National Accounts」(国民経済計算)を選択。さらに「Gross Domestic Product Growth Rate」(GDP成長率)を選ぶと、GDPの前四半期比の伸び率が出てきます。

前年同期比の数字を確認する際には、上の「Visualized」(視覚化されたデータ)というタブをクリック。すると、複数のグラフが表示されます。その中には、GDPの前年同期比(Gross Domestic Product, Accumulated Growth Rate)の推移を示したグラフも含まれています。

それをクリックすると、グラフが拡大表示されるとともに、数値を示した表も出てきます。表示対象期間の変更も可能。2017年第2四半期（4～6月）のGDPは物価変動の影響を除いた実質ベースで前年同期比6.9%増。伸び率は第1四半期と同じです。

中国政府が2017年3月の全国人民代表大会で示した同年の経済成長率目標は6.5%。政府目標はクリアしていますが、「数字が操作されているのではないか」との疑いの目が向けられています。

中国のGDPが信用できないといわれる理由

信用されていない理由の1つは、毎期の伸び率に大きな変動がないことです。2012年の第1四半期以降、2015年第1四半期まで13期連続7%台で推移。同年第2四半期からは6%台後半に張り付いています。日米欧のGDPは「デコボコ」があるのが普通。専門家からは「不自然な印象がぬぐえない」との声が聞かれます。

GDPを公表するタイミングの早さも疑念を生じさせる一因です。2017年第2四半期分の発表は7月17日。米国は同月28日で、日本は8月14日でした。GDPは多くの統計を積み上げて算出するもので、集計には時間がかかります。それだけに、信頼性には疑問符が付くところです。

「GDPよりも信頼性が高い」などと一時もてはやされたのが「李克強指数」。李克強・現首相が遼寧省幹部の職に就いていた2007年に、GDPよりも信頼できる指標として電力消費量、鉄道貨物輸送量、銀行の貸し出しの3つを挙げました。それをもとに作られたのが同指数で、英国の雑誌『エコノミスト』が命名しました。

李克強指数をめぐっても「中国経済の実態を反映していない」といった見方がありますが、こうした議論があること自体、中国の統計が信頼されていない証しといえるかもしれません。

信頼性が高いといわれる財新／マークイットのPMI

市場関係者の間で最近、重視されている経済指標の1つが財新／マークイットの製造業購買担当者景気指数（PMI）。中国のメディアグループの財新と英国の大手金融情報会社のマークイットが共同で調査、算出している指数です。第2章のISM®製造業景況指数のページでも取り上げたように「PMI」は購買担当者を対象にした調査のため、専門家の一部には「景気動向を敏感に反応する指数であり、中国の国家統計局の発表する指数よりも信頼性が高い」との指摘もあります。

財新／マークイットのPMIも50を上回ると製造業景気の拡大、下回れば景気後退を意味します。PMI指数はマークイット社のホームページで確認できますが、一部の情報は英語だけでなく、日本語でも読めます。

2017年9月の財新／マークイットの製造業PMIは51.0となり、前月の51.6から小幅低下しました。新規受注の伸びの鈍さなどが主な要因です。ただ、50の水準は4カ月連続で上回りました。

実は中国国家統計局も製造業PMIを発表しています。サイトのデータを確認すると、同年9月は52.4と前月から0.7ポイント上昇。14カ月連続の50超えとなりました。財新／マークイットのPMIとは真逆の結果です。果たしてどちらのデータが経済実態を的確に映し出しているのでしょうか。

アクセス方法

指標・情報名　国内総生産／Gross Domestic Product（GDP）
発表の頻度　3カ月に1回
発表日時　当該期間が締まった2〜3週間後（例えば7〜9月の第3四半期であれば、10月半ばから20日前後）
発表者　中国国家統計局／National Bureau of Statistics of China
URL（英語版）　http://data.stats.gov.cn/english
行き方　❶ページの上部に並ぶタブの1つ「Quarterly」（四半期）をクリック。❷次ページの画面左側の「Indicators」（指標）のうち、「National Accounts」（国民経済計算）をクリック。　❸さらに「Gross Domestic Product Growth Rate」（GDP成長率）を選択。

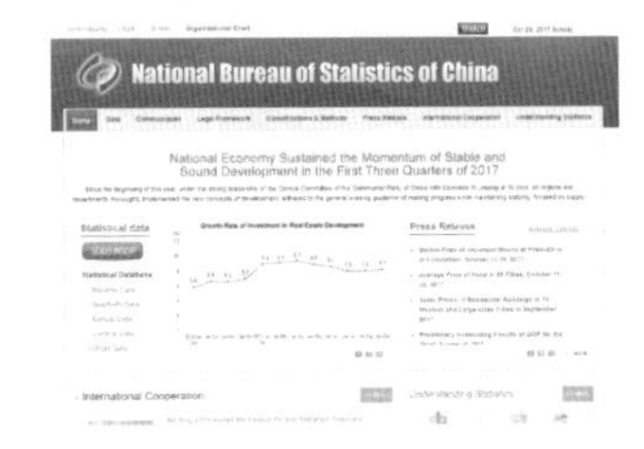

要人発言
英国メイ首相のケース

第1章でも触れたように、金融市場は時として要人発言などに大きく左右されることがあります。ただ、どのような事象も売りや買いの材料にしようと待ち構える外国為替市場のディーラーなどはともかく、それ以外の人にとっては、各国の首脳や中央銀行総裁などの記者会見をライブで見ることはできても、どの発言に市場が反応するかといったことは通常、簡単には把握できないと思います。「利上げの可能性に言及したことでドル高が進行」といった会見後のメディア報道に接することで初めて、どのコメントがマーケットを動かしたのかに気付くのではないでしょうか。

そうした意味で、要人発言という英語情報を資産運用に活用しようというたぐいの話は「上級編」ともいうべきものかもしれません。いくつか例を挙げて説明しましょう。

まずは、英国のメイ首相が2017年1月に行った演説と、これを受けた金融市場の反応です。ロンドンのセント・ジェームズ宮殿にほど近い「ランカスター・ハウス」。有名な外務省公館です。同首相はここに各国の大使らを招いて演説を行い、欧州連合（EU）域内でヒト、モノ、カネ、サービスの自由な移動を認める単一市場から完全に撤退する考えを表明しました。

ブレグジット（英国のEU離脱）をめぐっては、メイ首相がEU条約（リスボン条約）50条に基づく離脱の正式通告を、同年3月末までにEUに対して行う考えを明らかにしていました。これに対して、EU側はドイツのメルケル首相が「単一市場へ参入する権利を残したまま、移民の流入規制を行う“いいとこ取り”は許さない」と述べるなど、厳しい姿勢を打ち出していました。

単一市場へのアクセスを犠牲にしてでも移民流入を制限する「ハードブレグジット」か、それとも移民流入のコントロールでEU側に譲歩する代わりに単一市場へのアクセスを確保する「ソフトブレグジット」を選ぶのか、メイ首相の演説が注目されていました。

首相発言でポンド高が進行したのはなぜか？

同首相は演説で「私の提案は単一市場のメンバーでいることを意味しない」などと述べ、移民流入の制限を優先する意向を示しました。「ハードブレグジット」の方針を打ち出したものです。しかし、演説を受けたマーケットでは、英国の通貨であるポンドを買う動きが強まりました。

単一市場へのアクセスが確保できなくなれば、英国経済への打撃は決して小さくなさそうです。というのも、輸出全体の4割超がEU域内向け。EUを離れることになると、ある日突然、関税が課されて輸出が滞ってしまうといった事態に陥らないともかぎりません。

英国の建設現場ではポーランド人の作業員の姿が目立ちます。ヒトの自由な移動が難しくなれば、いったい誰が同国の経済を支えるのでしょうか。

演説では、メイ首相のEU離脱に対する強硬姿勢を象徴する言葉として後々メディアなどで頻繁に取り上げられるようになった「名ゼリフ」も飛び出しました。「No deal for Britain is better than a bad deal for Britain」。「(EUとの) 悪い合意よりは合意しないほうが英国にとってはマシ」という言葉です。「ハードブレグジット」はポンド売りの材料と受け止められても不思議ではありません。

にもかかわらず、ポンド高が進行したのはなぜでしょうか。1つには、ほぼ事前に想定されていたとおりの内容だった点が挙げられます。マーケットの値動きを説明する際にはよく、「織り込み済み」という言葉を使います。先々に起きそうな事象などを織り込んで動くのが金融市場。例えば、米国の利上げなどが想定されると、それを先取りする形でドル買いが活発化。実際に利上げが決まった時点で「材料出尽くし」。ドルを買い持ちしていた投資家が利上げ決定をきっかけに処分することで、逆にドル安が進むといったケースが多々あります。

メイ首相の演説を機にポンド高が進行したのも、「ハードブレグジット」を示唆する内容になるのを予想した向きがポンドの売り持ちを増やしていたからかもしれません。

もう1つは、同首相が「EU離脱の最終決定が英国議会の承認の下に行われる」という趣旨の発言をしたことです。金融市場はこれを「予想外の内容」と受け止めました。英国政府はこれまで、EUに対する離脱の正式通告をするにあたって「議会の承認は必要ない」との見解を示していたからです。外為市場でポンド買いの動きが強まったのは、「政府が強硬な態度を軟化させなければ議会との協議が難航する」との警戒感の後退を反映したものとみられます。

メイ首相の演説に対する外為市場の反応を見ても、どのようなコメントが相場にインパクトを与えるのか判断するのが容易ではないことはお分かりいただけるかと思います。

ブレグジットに関するメイ首相の演説を読む

> Yet I know there are some voices calling for a punitive deal that punishes Britain and discourages other countries from taking the

same path.

That would be an act of calamitous self-harm for the countries of Europe.

〈中略〉

I am equally clear that no deal for Britain is better than a bad deal for Britain.

Because we would still be able to trade with Europe. We would be free to strike trade deals across the world.

出所：GOV. UK, PM Speech, 17 January, 2017 (https://www.gov.uk)

【日本語訳】

（欧州の）一部には、英国のように離脱の道を選ぶ加盟国が出ないよう、懲罰的な取り決めにすべきだという声があります。

それは欧州の国々にとって、自らの身を傷つける痛ましい行為になるでしょう。

〈中略〉

また、悪い合意を結ぶより、何の合意もないほうが英国にとってはマシであるとも断言します。

（合意がなくとも）欧州との貿易は可能だからです。世界中で貿易協定を自由に結ぶこともできます。

【語句】

call for　～を要求する
punitive　懲罰的な
punish　～を罰する
calamitous　悲劇的な、破滅的な
self-harm　自傷
no deal　合意のないこと
strike　（契約などを）締結する
trade deal　貿易協定

【解説】

40分あまりのスピーチの一部です。EU離脱に関するメイ首相の強硬姿勢を示すとされるセリフ「no deal for Britain is...」とその前後を取り上げました。

このセリフの直前では、英国に対して懲罰的な取り決めを求める声が上がっているが、それは自らを傷つける痛ましい行為と指摘。直後では、英国は欧州諸国と貿易でき、世界中で自由に貿易協定を結べると述べています。強気な姿勢がうかがえます。

英国政府のウェブサイトにはスピーチ全文が掲載されています。同サイトでは全文の中に、内容を反映した20あまりの見出しが立っていて、少し読みやすくなっています。例えば、「A Plan for Britain」(英国の計画)、「A phased approach」(段階的アプローチ)、「Conclusion」(結論)など。取り上げた個所は36分50秒あたりからで、結論の直前です。

英国政府サイトにはスピーチの動画もあります。どんな表情、どんな口調で話しているのかなどを一度見ておくといいかもしれません。

以下のURLに、スピーチで表明した、EU離脱に関する英国の12の優先目標が日本語・英語で載っています。また、スピーチ全文(英語)へのリンクもあります。

https://www.gov.uk/government/news/349096.ja

要人発言 中央銀行トップのケース

要人発言の中でもマーケットの「感応度」が高いのが、主要国・地域の中央銀行トップのコメントです。特に米連邦準備制度理事会（FRB）の議長や欧州中央銀行（ECB）の総裁は「市場との対話」を重視しており、意図的な価格形成を狙ったかと思われるような発言をすることも決して少なくありません。イエレンFRB議長（2018年1月時点）の金融政策の「正常化」に向けたかじ取りをめぐっては、「利上げを示唆するような“タカ派”的発言でマーケットの反応を見極めてから、その後に軌道修正することを繰り返している」との指摘も市場関係者にはあります。

経済の専門家には、「FRBウオッチャー」「ECBウオッチャー」「BOJ（日銀）ウオッチャー」などと呼ばれる人がいます。彼らは先進各国の中銀のトップや幹部の発言に注目し、微妙な言い回しやニュアンスから金融政策のかじ取りの変化などをチェックしています。中銀トップの一挙手一投足を注視しているのも、金融市場への影響が大きいからです。

日銀総裁の定例会見は現在、開始直後に報道が解禁されます。かつては解禁のタイミングが終了と同時でした。このため、ラップトップのパソコンなどを持ち込み、総裁の発言内容を聞きながら原稿を作成する記者の姿が多く見受けられました。会見終了とともに記事を送稿。新聞社や通信社の金融サービスの専用端末の画面には、会見の内容をコンパクトにまとめたヘッドラインが次々と出てきました。各社が競ってこうしたニュース速報を流すことは現在も変わっていませんが、これは金融市場関係者の関心の高さを物語っています。

「バーナンキ・ショック」に見る金融市場の複雑さ

中銀トップと市場とのコミュニケーションの難しさを示す例としてよく取り上げられるのが、2013年5月に起きた「バーナンキ・ショック」です。

2013年5月。世界の金融市場は激震に見舞われました。当時のバーナンキFRB議長が同月22日の上下両院合同経済委員会の公聴会で、QE(Quantitative Easing)と呼ばれる量的金融緩和の縮小の可能性に言及したのをきっかけに、米国の長期金利が上昇。世界の株式相場も波乱の展開となりました。

特に大きな打撃を受けたのが日本の株式市場です。翌23日の日経平均株価は前日比1,143円安と大幅な値下がりを余儀なくされました。日本株は前年11月からのいわゆる「アベノミクス相場」に乗って値上がりのピッチが急だっただけに、ショックが大きかったとみられます。

バーナンキ議長の発言を受けて、「新興国へ流れ込んで高い経済成長を支えていた余剰資金の逆流が起こるのではないか」との思惑が台頭。市場は弱気一色となり、第2章で取り上げたボラティリティー・インデックス(VIX)は急上昇して警戒域の20ポイントを超えました。

では、バーナンキ前議長の発言の内容を見ましょう。「量的緩和縮小の可能性に言及した」と金融市場が受け止めたのは、以下のコメントです。「If we see continued improvement and we have confidence that that is going to be sustained, then we could in the next few meetings, take a step down in our pace of purchases」。「改善が続いていることを確認し、その持続が可能だと確信できれば、今後数回の会合(FOMC)で資産の買い入れペースを減速させることは可能だ」という趣旨の発言をしています。「買い入れペースの減速は可能」というくだりが、「量的緩和縮小の可能性に言及した」と解釈されたのです。

FRBはリーマン・ショック後、量的金融緩和策の一環として国債や住宅ローン担保証券（MBS）と呼ばれる金融資産を買い入れ、その見返りに資金を市場へ放出するという措置を続けてきました。そのペースを鈍らせるということは、金融政策のベクトルが従来とは逆の方向へ切り替わるというサインなのです。

バーナンキ前議長は証言の中で、「改善が続いていることを確認し、その持続が可能だと確認できれば」との条件を付けています。にもかかわらず、マーケットは条件を無視し、後半の縮小の可能性だけを手掛かり材料にした感があります。これでは「いいとこ取り（悪いとこ取り？）」との印象がぬぐえません。

これもまた、マーケットの難しさ、複雑さといえます。「マーケットとは本来そういうもの」。そう思うしかありません。なぜ、金融市場がこうした反応を示したのか。金融市場で「量的金融緩和に早晩踏み切るだろう」との観測が事前に広がっていたのが一因かもしれません。バーナンキ発言によって、そうした見通しが確信へ変わったのでしょう。

公聴会での証言当日、22日の米ニューヨーク株式市場のダウは前日比80ドル安。翌23日も12ドルの下落にとどまりました。米国株の動きを見ると、バーナンキ発言はある程度、「織り込まれていた」のでしょう。これに対して、日本株は前述のとおり、それまでの上昇に勢いがついていたため、反動もそれだけ大きくなったとみられます。株式相場の格言にある「山高ければ谷深し」を地で行くような値動きとなったわけです。

真偽のほどは定かではありませんが、バーナンキ議長は証言を通じて、FRBの金融緩和縮小をマーケットに織り込ませようとしたのではないでしょうか。ただ、予想以上にマーケットが過剰に反応してしまったのかもしれません。「市場との対話」も簡単ではないという何よりの証左です。

ECBドラギ総裁の発言にも市場は注目

「ユーロの番人」といわれるECBのトップの発言も、金融市場に大きな影響を及ぼすことがあります。総裁の会見はホームページで閲覧が可能。会見当日は生で見ることができます。

ECBのサイト上部にある「Media」というタブをクリック。次に「TV services & webcasts」をクリックすると、過去の総裁会見の動画も収録されています。

現在のドラギ総裁も市場との対話を重視しています。もともとイタリアの経済学者ですが、かつては米証券大手ゴールドマン・サックスの副会長を務めていたこともあり、「歴代の総裁で最もマーケットを熟知した人物」との評価もあります。

2011年9月に総裁に就任。それ以来、「マーケットを巧みに利用してきた」との声も専門家からは聞かれます。2012年にはユーロを守るため、「できることならなんでもやる」などと発言。これが「ユーロ危機沈静化への転換点になった」との見方もあります。

ECBもFRBや日銀と同様、リーマン・ショックを受けて大規模な量的金融緩和策へ踏み切りましたが、現在は「出口戦略」を見据えています。FRBはすでに2014年から国債やMBSの買い入れ額を減らしてきました。「テーパリング」といわれるものです。政策金利の引き上げも行っており、金融政策の「正常化」への動きが鮮明になってきました。マーケットの関心が高まる中、ECBもFRBの後を追う形でテーパリングに踏み切りました。

ECBは金融政策決定のための理事会を6週に1回の頻度で木曜日に開催しています。決定した主な内容を現地時間の午後1時45分にホームページで公表。その内容にマーケットが反応することも少なくありません。

45分後の同2時30分からは、総裁がドイツ・フランクフルトに置かれたECB本部で記者会見に臨みます。

ドラギ総裁の発言で相場が動いた例

2017年9月の会見では、出席した記者との質疑応答におけるドラギ総裁のコメントを手掛かりに一時ユーロ安が進みました。「the recent volatility in the exchange rate represents a source of uncertainty which requires monitoring with regard to its possible implications for the medium-term outlook for price stability」という内容がユーロ売り材料とされたのです。

日本語に訳せば、「最近の為替相場のボラティリティー（変動率）の高まりが不確実性の源になっており、中長期的な物価の安定見通しにどのような影響を与えるのか注視する必要がある」といったところでしょうか。外国為替市場の参加者はこれを「ユーロ高牽制」発言と受け止めました。

市場ではドラギ総裁の会見前までユーロ高が進行。テーパリング開始観測の高まりを背景に、ユーロ買いが先行していました。

先ほどのコメントは、前回7月20日理事会終了後の会見の声明文には盛り込まれていなかった内容です。それだけに、マーケットにとってはちょっとした「サプライズ」になったのでしょう。金融政策をめぐる思惑からユーロが不安定な値動きをしていたため、ドラギ総裁は為替相場に言及せざるを得なかったという面もありそうです。

もっとも、9月7日の外為市場では、結局ユーロ売りの一巡後にユーロ高が再び進行しました。「ECBのテーパリングの方向に変化はない」との見方が強まって再びユーロが買い直された格好です。ドラギ総裁の牽制の効き目はさほどなかったということでしょうか。

記者会見の声明文や質疑応答は動画だけでなく、文章でも確認することができます。ECBのサイト上の「Media」をクリックすると、「Press conferences」(記者会見)という項目が出てきます。そこにこれまでの声明文や質疑応答が収められています。9月7日の声明文を7月20日のそれと比較すれば、為替相場の不安定な動きへの言及が加えられていることも分かります。

初級者にとっての要人発言チェックの利点

一部の市場関係者や中央銀行の「ウオッチャー」などを除けば、たとえ金融機関などで働いていても、要人のコメントと金融市場の値動きを絶えずチェックしている人はほとんどいません。高い英語力を持つ人でなければ、「要人発言を受けてマーケットが動いた」という日本語ニュースなどに接して初めて、発言内容を確認するため英語の原文に当たるケースが大半だと思います。前後の文を含む該当個所を、日本語に照らし合わせながら確かめていくのが一般的でしょう。

要人発言はストレートな表現をせず、どちらかといえば暗に示すような言い方が少なくありません。原文をチェックすることが大事なのは、日本語では的確に伝わらないニュアンスをつかむためです。2013年の「バーナンキ・ショック」の端緒になったFRBのバーナンキ前議長の発言も、英語のコメントに目を通すと、「改善が続いていることを確認し、その持続が可能だと確信できれば」という前提が付いていることも分かります。しかし、日本語のニュースだと、「金融緩和縮小の可能性に言及したのをきっかけに株式が売られた」といった程度の表現にとどまるかもしれません。

前提条件の部分がマーケットに無視されていれば、マーケットは「金融緩和縮小シナリオへ傾いているのだろう」などと判断することができるでしょう。それをもとにどのような資産へおカネを振り向けるかも変わるはずです。

最後に、入門者・初級者にとっての要人発言チェックの利点も挙げておきましょう。これは、英語でなく日本語の情報を後追いすればできることですが、マーケットの目下の「焦点」を把握でき、また要人発言を受けたマーケットのさまざまな反応パターンを学べる点です。マーケットが注視しているのは、「金融政策の転換なのか」「財政政策なのか」あるいは「国の将来を左右する政治判断なのか」、要人発言のどこに反応したかで知ることができます。また、発言を受けてマーケットが予想外の動きをするケースがあることを前述しましたが、こうした事例をいくつも知っておくことは将来の投資判断に役立つはずです。

2013年5月22日のバーナンキ議長の発言を読む

Chairman Brady. When do you expect this strategy to begin? What are the benchmarks you are looking at to begin this process?
Chairman Bernanke. We are trying to make an assessment of whether or not we have seen real and sustainable progress in the labor market outlook. And this is a judgment that the Committee will have to make.

If we see continued improvement and we have confidence that that is going to be sustained, then we could in the next few meetings, take a step down in our pace of purchases.

出所：U.S. Government Publishing Office, Joint Economic Committee, 22 May 2013 (https://www.gpo.gov)

【日本語訳】

ブレイディ委員長：戦略（資産買い入れペースの減速）開始のタイミングは？　どの指標を判断の目安にしますか？

バーナンキFRB議長：労働市場の見通しが実質的かつ持続的に改善しているのか、評価を進めており、FOMCで判断します。

そこで、改善が続いていることを確認し、その持続が可能だと確信できれば、今後数回の会合（FOMC）で資産の買い入れペースを減速させることは可能です。

【語句】

chairman 議長、委員長
make an assessment of ～を評価する
sustainable progress 持続的な改善
labor market outlook 労働市場の見通し
committee 委員会
have confidence 確信する
take a step down （程度・度合いなどを）下げる、減らす
purchase 買い入れ

【解説】

2013年5月22日に行われた米国上下両院合同経済委員会（Joint Economic Committee）の公聴会（hearing）での、バーナンキFRB議長とブレイディ委員長とのやり取りです（肩書きは当時）。ちなみに「議長」「委員長」はともに「chairman」で、議事録には「Chairman Bernanke」「Chairman Brady」と記されています。

公聴会のテーマは経済見通し（economic outlook）。経済見通しとそれに基づく金融政策についてやり取りが続きます。ブレイディ委員長の質問は「When do you expect…」（いつ…するつもりですか？）「What are the benchmarks…」（…の基準は何ですか？）など具体的で短く、分かりやすいです。バーナンキ議長は前提条件などを述べるため、長めの文が多いです。「バーナンキ・ショック」を引き起こした発言も「If we see...」と条件の説明から始まっています。

2017年9月7日の記者会見でのドラギ総裁の発言を読む

Of course one issue that was discussed was how much of this appreciation is due to completely exogenous factors, how much is simply the natural outcome of the improved economic conditions in the euro area? And opinions diverge.

But there was by and large broad consensus on the fact, as I just read in the introductory statement, that the recent volatility in the exchange rate represents a source of uncertainty which requires monitoring with regard to its possible implications for the medium-term outlook for price stability.

出所：European Central Bank, Press Conferense, 7 September 2017 (https://www.ecb.europa.eu)

【日本語訳】

（今回のECB理事会では）現在のユーロ高が、どこまで対外要因によるものか、どこまでユーロ圏の景気回復によるものかについても討議されました。意見は割れています。

しかし、冒頭の声明文にあるとおり、最近の為替相場のボラティリティーは不確実性を生み出しており、物価安定の中長期的見通しに与える影響を注視する必要があるという点において、おおむね意見は一致しました。

【語句】

appreciation　（価格などの）上昇
exogenous　外因的な
natural outcome of　～の当然の結果
economic condition　経済情勢
diverge　分岐する、分かれる
by and large　全般的に、概して
broad consensus　幅広い合意
statement　声明
volatility　ボラティリティー、価格の変動性
exchange rate　為替相場
uncertainty　不確実性
implication　引き起こされるであろう影響
medium-term outlook　中長期の見通し
price stability　物価の安定

【解説】

欧州中央銀行の政策理事会（governing council）で話し合われた内容を説明する記者会見（press conference）。ここでは、ドラギ総裁による声明文の読み上げに続く、記者との質疑応答の一部を取り上げました。声明文は「introductory statement」ですが、ドラギ総裁の発言に頻繁に登場します。

この日の記者会見では合計で20を超える質問が出ましたが、取り上げた発言は「ユーロのレートは今のレベルで問題ないか？　ユーロ圏経済のファンダメンタルズを反映していると考えるか？」に対する回答です。ユーロ高に対する懸念が背景にあり、それをドラギ総裁に確認したものです。「（ユーロの）上昇」は「appreciation」という単語で表されています。

前述しましたが、欧州中央銀行のウェブサイトに記者会見の全文が掲載されています。また、過去の記者会見の動画も見ることができます。雰囲気を見るだけでもいいでしょう。

Chapter Four 第4章

経済・金融関連用語リスト200

... consecutive
～連続

例えば「6週連続」は“six consecutive weeks”、「3カ月連続」は“three consecutive months”、「5営業日連続」は“five consecutive business days”。

... moving average
～移動平均

「4週移動平均」なら“four-week moving average”。“four-week MA”“four-week average”とも記される。米労働省（DOL）が発表する新規失業保険申請件数などで使われる。

ADP National Employment Report
ADP雇用統計

給与計算代行のADP社が発表する米国の民間雇用統計。なかでも“nonfarm private sector employment”（民間非農業部門雇用者数）の注目度が高く、米労働統計局（BLS）による雇用統計の先行指標になる。

---

advanced country
先進国

“developed country”とも呼ばれる。「先進経済諸国」は“advanced economies”。一方、「新興国」は“emerging country”や“developing country”。

---

aggregate
総計の

“aggregate demand”は「総需要」。“aggregate weekly hours”（延べ週間就業時間）は米雇用統計の調査項目の1つ。

---

annual
年に1度の

「年間（年度）予算」は“annual budget”、「年平均」は“annual average”など。米自動車販売データなどで見られる「年率換算」は“annualized rate”と記述される。

annual report
アニュアルリポート、年次報告書

財務諸表などを盛り込んだ、株主や投資家向けの年間の事業報告書。“Annual Report 2018”“2017-18 Annual Report”など西暦が付き、当該年度が示されている。

---

approve
支持する

大統領、政権、政党などに対する支持率調査で使われる。「支持率」は“approval rating”。「支持しない」は“disapprove”。

---

archived
アーカイブ化された、（データとして）保管された

“archived data”は「保管されたデータ」の意。米労働統計局のウェブサイトでは“Archived”というコーナーに過去データを収載・公開している。“historical data”や“historical information”と表記するサイトもある。

---

attractive
魅力的な

株式や債券などの資産間で、また株式では業種・セクターや個別銘柄について、投資判断を下したり、見通しを示したりする際、海外の機関投資家や証券会社がよく使う。類義語に“overweight”（オーバーウエート）、“outperform”（アウトパフォーム）がある。

---

average hourly earnings
平均時給

“average weekly earnings”は「週当たり平均賃金」。ともに米雇用統計の調査項目。「賃金」は“earnings”のほか、“wages”と記されるケースもある。「平均年収」は“average annual salary”。

backlog of orders
受注残高

米供給管理協会（ISM®）が発表する製造業景況指数の調査項目の1つ。「受注残高」は“backlog”や“unfilled orders”とも記される。

balance of payments
国際収支

略称は“BOP”。国際通貨基金（IMF）が独自に集計ルールを定め、加盟国に対し定期的に提出を求めている。IMFのウェブサイトでデータの閲覧が可能。当該国の居住者が非居住者と行う、すべての経済取引が計上対象になる。

Brent Crude
北海ブレント

“North Sea Brent Crude”とも呼ばれる。北海油田で生産され、欧州で消費される英国産原油。欧州における原油市場の指標となっている品種であり、インターコンチネンタル取引所（ICE）に上場。ニューヨーク・マーカンタイル取引所（NYMEX）に上場するWTIと並ぶ原油価格の代表的指標。

Brexit
ブレグジット、英国のEU離脱

離脱の仕方をめぐって、“hard Brexit”（ハードブレグジット＝強硬離脱）、“soft Brexit”（ソフトブレグジット＝穏健離脱）などと表現されることもある。

business day
営業日

株式市場などで取引が行われる日。「翌営業日」は“next business day”“succeeding business day”などと記される。“trading day”（取引日）といった表現もある。

cautious
慎重な

株式や債券などの資産間で、また株式では業種・セクターや個別銘柄について、投資判断を下したり、見通しを示したりする際、海外の機関投資家や証券会社がよく使う。類義語に"underweight"（アンダーウエート）、"underperform"（アンダーパフォーム）がある。

---

charts
図表、グラフ

経済指標や統計データを発表する機関のウェブサイトにはデータをグラフ化し、表示する機能を備えるものもある。その機能が"charts"のほか"visualized"（視覚化された）などと表記されている。

Chicago Board Options Exchange
シカゴ・オプション取引所

略称は"CBOE"。投資家の恐怖心理を表すとされる、米国株オプション取引の値動きをもとにした指標、ボラティリティー・インデックス（VIX）を算出・公表している。

Chicago Mercantile Exchange
シカゴ・マーカンタイル取引所

略称は"CME"。株価指数や金利、通貨、農産物の先物・オプションを扱い、米金融政策変更の確率を示す数値「CMEグループFedウオッチ」を算出・発表する。

---

closing price
終値

"close""closing stock price"などとも。「始値」は"opening price"。

---

coincident indicator
一致指数

景気動向指数の1つで、景気とほぼ同じタイミングで変動する。"coincident index""consistency index"と記されるケースもある。

commercial
実需筋

米商品先物取引委員会（CFTC）が集計・公表する先物ポジションデータにおける取引参加者の分類の1つ。"non-commercial"は「投機筋」を示す。

---

commitments of traders
建玉明細

米商品先物取引委員会（CFTC）が集計、毎週金曜日に公表する。各取引所で売買される先物などの機関投資家、投機家などのポジションを示し、発表週の火曜日時点のデータになる。

---

commodities
コモディティー、商品

「商品市場」は"commodities market"、「商品先物」は"commodities futures"。

Composite leading indicator
景気先行指標

経済協力開発機構（OECD）が毎月発表する指標で、略称は"CLI"。"composite"は「複合の」の意。「景気先行指数」の一般名称としては"index of leading economic indicators"などが用いられる。

---

consensus forecast
コンセンサス予想

経済指標などについて、金融機関などの専門家が事前に予測した数値の平均値や中央値を示す。主に外国通信社が集計・公表している。"consensus estimate"などとも記される。

---

consolidated accounting
連結決算

"consolidated settlement of accounts"との表記もある。「連結決算表」「連結財務諸表」は"consolidated financial statement"。

constituents
構成要素

"constituent" の複数形。例えば "S&P/TOPIX 150 ESG Factor Weighted Index" を構成する上位10銘柄は、S&Pダウ・ジョーンズ・インデックス社のウェブサイトで "constituents" という見出しとともに掲載されている。

Consumer Price Index
消費者物価指数

略称は "CPI"。"cost-of-living index" と記されることもある。類似指数にユーロスタットの "annual inflation"（年間インフレ率）、経済協力開発機構（OECD）の "inflation"（インフレ率）などがある。

---

crude oil inventory
原油在庫

"crude oil" は「原油」、"inventory" は「在庫」。米エネルギー情報局（EIA）の週間石油在庫統計の中で、原油の値動きに影響を及ぼす注目調査項目の1つ。

---

current account
経常収支

"current account balance" とも記される。「経常黒字」は "current account surplus"、「経常赤字」は "current account deficit"。国際通貨基金（IMF）の統計に各国・地域、全世界などの経常収支データがある。

Current Employment Statistics
雇用統計

米労働統計局（BLS）が集計、原則として毎月第1金曜日に発表する雇用統計の名称。略称は "CES"。「雇用統計」の一般名称は "employment statistics" "employment data" など。

Cushing
クッシング

米オクラホマ州の都市名。石油施設の集中するメキシコ湾岸と北米消費地をつなぐ一大原油貯蔵地。米エネルギー情報局（EIA）が発表する"Weekly Cushing, OK Ending Stocks excluding SPR of Crude Oil"（米クッシング原油在庫）は、需給関係を映し出す鏡として市場関係者が注目する。

deficit government bonds
赤字国債

"deficit"は「赤字」「損失」の意。"deficit-covering government bonds""deficit-financing bonds"などの表現もある。

disapprove
支持しない

大統領、政権、政党などに対する支持率調査で使われる。「不支持率」は"disapproval rating"。「支持する」は"approve"。

dividend
配当金

"cash dividend"との表記もある。「高配当株」は"high-dividend payer"、「無配当」は"non-dividend""passed dividend"、「配当利回り」は"dividend yield"など。

Dow Jones Industrial Average
ダウ工業株30種平均

"Dow Jones Industrial""DJIA""Industrial Average"などとも呼ばれる。このほかの米国株式の代表的な指標は"Standard & Poor's 500 Index"（S&P 500）、"NASDAQ Composite Index"（ナスダック総合指数）、"NYSE Composite Index（NYSE総合指数）"など。

downward revision
下方修正

"downward adjustment" や "cut"（下方修正する）などと記されるケースもある。「上方修正」は "upward revision" や "raise"（上方修正する）。

Dubai crude oil
ドバイ原油

"Dubai crude" "Dubai oil" との表記もあり、日本語では「中東産ドバイ原油」と記されるケースもある。ドバイ原油は三大市場のうち主にアジアで取引され、アジアの石油価格の指標とされる。

Durable Goods Manufacture's Orders
耐久財受注

"durable goods" は「耐久財」。設備投資の先行指標とされ、米商務省（DOC）が発表する。変動の大きい輸送関連を除く「非国防資本財＝コア資本財」"core capital goods" に分類され、市場の注目度は高い。

EA19
ユーロ圏19カ国

"Euro area（19 countries）" などとも記される。「EU加盟28カ国」は "EU28"。

---

earnings
（企業決算などでの）利益、所得

「税引前利益」は "earnings before tax"、「利益予測」は "earnings estimate"。"average earnings" は「平均収入」。

---

earnings announcement
決算発表

"announcement of financial results" "announcement of financial statements" なども記される。「中間決算」は "interim settlement" "interim financial results" など。

ECB
欧州中央銀行

"European Central Bank"。ユーロ圏の金融政策をコントロールする中央銀行。"President"（総裁）の名前"Mario Draghi"（マリオ・ドラギ）も覚えておくと役立つ。

---

economic outlook
経済見通し、景気観測

世界的に知られる経済予測は国際通貨基金（IMF）の"World Economic Outlook"、経済協力開発機構（OECD）の"OECD Economic Outlook"。ゴールドマン・サックス・グループなど大手証券会社も定期的に予測を出す。

Economic Policy Uncertainty Index
経済政策不確実性指数

スタンフォード大学のニック・ブルーム教授らが開発した指標で、世界全体を示すもののほか、日本、米国など20あまりの国別データもある。経済政策の不確実性に関する新聞記事をはじめとする3つの項目を測定して指数化。

---

emerging country
新興国

"emerging nation" "developing country" "developing nation" などとも記される。「新興経済諸国」は"emerging economies" "developing economies"。「先進国」は"advanced country" "developed country"など。

---

equity ratio
自己資本比率

"capital ratio" "capital adequacy ratio" などとも記される。「自己資本比率を引き上げる」は"raise equity ratio"。

ESG
環境・社会・ガバナンス

"ESG"は"Environment, Social and Governance"（環境・社会・ガバナンス）の略称。ESGに配慮した事業を行っている企業に資金を振り向ける投資手法がESG投資。ESG銘柄で構成された"ESG Index"（ESG指数）は多数存在する。

---

establishment
事業所

米雇用統計で、非農業部門雇用者数の調査対象となる企業や政府機関などを広く"establishment"と表している。

---

estimated figures
推計値

"estimated record" "preliminary figures" "estimate"などとも記される。「確定値」は"final figures"など。

EU28
EU28カ国

"EU（28 countries）"などとも記される。英国を除く"EU（27 countries）"も使われる。「ユーロ圏19カ国」は"EA19"。

Eurostat
欧州連合統計局、ユーロスタット

加盟国を中心に広範囲に統計情報を集計・発表する欧州委員会（EC）の部局。加盟各国などのデータを一覧で（日本や米国も含まれる）見て比較できるのが便利。

---

except as noted
注意書きがあるものを除き、注記がなければ

データを一覧できる表などで使われる。例えば、"Dollars per gallon, except as noted"は「注記がなければ1ガロン当たりの価格（ドル）」。

exchange rate
為替レート

"foreign exchange rate" "currency exchange rate" などとも記される。「ドル・円相場」は "dollar-yen exchange rate"

---

federal funds rate
フェデラルファンド金利、FF金利

"fed funds rate" とも記される。短期金融市場を操作するために調整する主要な政策金利。FF金利の誘導目標を変更することで、金融政策のかじ取りを行っている。連邦公開市場委員会（FOMC）において変更の有無を決定。

Federal Open Market Committee
連邦公開市場委員会

米国の金融政策を決める最高意思決定機関。米中央銀行の連邦準備制度理事会（FRB）の理事、地区連銀総裁の計12人で構成される、FF金利の誘導目標の変更などを決定する。

Federal Reserve Board
連邦準備制度理事会

略称 "FRB" もよく使われる。米金融政策に詳しいエコノミストはよく "Fed" という。現 "chairman"（議長）は初の女性議長の "Janet Yellen"（ジャネット・イエレン）、2018年2月に現理事 "Jerome H. Powell"（ジェローム・H・パウエル）が新議長に就く予定。

---

final figures
確定値、確報値

"final revision" とも記される。米国の国内総生産（GDP）は、まず速報値 "preliminary figures" が公表され、改訂値 "revised figures"、確定値の順で更新される。

financial highlights
業績・財務ハイライト、決算概要

"financial summary" とも記される。日本企業の英語サイトでよく見られる。"consolidated financial highlights" は「連結決算概要」。

financial results
決算、財務成績

"account settlement" とも記される。「四半期決算」は "quarterly financial results"、「中間決算」は "interim settlement" "interim financial results" など。

financial statements
決算報告書、財務諸表

"financial report" "statement of accounts" などの表現もある。"financial results" は「決算」のほか、「決算報告書」の意味にもなる。

first half
上期、上半期

"1H" や "H1" "first half of the year" "first half of the fiscal year" とも記される。「下期」は "second half" "2H" "H2" など。

fiscal balance
財政収支

"fiscal revenue and expenditure" などとも。「財政黒字」は "budget surplus"、「財政赤字」は "budget deficit"。

fiscal year
会計年度

略称は "FY"。"financial year" "budget year" とも記される。「2018会計年度」は "2018 fiscal year"。「前会計年度」は "preceding fiscal year"。米政府予算における会計年度は、10月から翌年9月までの1年間である。

foreign currency reserves
外貨準備高

“foreign exchange reserves”“forex reserves”と記されるケースもある。「外貨準備高が減る」は“decrease in foreign currency reserves”。

foreign direct investment
海外直接投資

略称は“FDI”。“overseas direct investment”と書かれるケースもある。経済協力開発機構（OECD）の統計には“FDI stocks”（海外直接投資残高）、“FDI flows”（海外直接投資額）などの項目がある。

forward looking
フォワードルッキング

各国金融政策当局の政策運営を述べる際、「将来を考慮した」「先行きを見据えて」などの意味で使われる。

fundamentals
ファンダメンタルズ、基礎的条件

「市場のファンダメンタルズ」は“market fundamentals”、「経済のファンダメンタルズを反映する」は“reflect economic fundamentals”。

futures
先物

「商品先物」は“commodities futures”、「金融先物」は“financial futures”、「株価指数先物」は“stock index futures”。

GDP deflator
GDPデフレーター

GDP（国内総生産）で、名目値から実質値を算出する際に使う指標。“gross domestic product deflator”との表記もある。国際通貨基金（IMF）の世界経済見通し“World Economic Outlook”では、加盟各国の指標が閲覧可能。

Harmonised Index of Consumer Prices
統合消費者物価指数

"harmonised"は「統合した」「調和させた」。ユーロスタットが毎月発表するEU加盟28カ国のモノとサービスの価格を総合した指数。略称は"HICP"。

---

high for the year
年初来高値

"yearly high""year-to-date high""new high on the year""year's new high"とも記される。「年初来安値」は"low for the year"。

---

high-yield bonds
ハイイールド債、高利回り債

"yield"は「利回り」。"high-yield debt""high-yield securities"とも記される。特に投資不適格級を含む格付けが低いものは"junk bonds"（ジャンクボンド）という。

---

historical data
過去データ

統計を算出・公表する機関のウェブサイトでは、過去のデータをまとめて保管した場所の名称としてよく使われる。"historical information"のほか、"archived"（アーカイブ）などとも表記される。

---

household
世帯

米雇用統計で失業率の調査対象となる一般家庭を"household"と表現している。米雇用統計のニュースリリースでは、冒頭の概要説明の後に"Household Survey Data"（世帯調査〔データ〕）が続く。ユーロスタットの統計項目の1つ"Household Budget Surveys"（家計調査）では、加盟各国の"consumption expenditure"（消費支出）にフォーカスしたデータが見られる。

Housing Starts
住宅着工件数

米商務省（DOC）が発表する。景気動向に敏感に反応するため、市場参加者の注目度が高い指標の1つ。「住宅着工件数が減る」は“decrease in housing starts”。

IMM
国際通貨市場

“International Monetary Market”の略。シカゴ・マーカンタイル取引所（CME）にある市場で、米商品先物取引委員会（CFTC）が発表するIMM通貨先物ポジションは、投機筋の動向を把握する上で有用。

---

income statement
損益計算書

“earnings statement”“statement of operations”とも記される。「連結損益計算書」は“consolidated income statement”。

---

indices
指数

“index”の複数形。経済協力開発機構（OECD）の統計では、「生産者物価指数」が“producer price indices”、「物価水準指数」が“price level indices”などと記されている。

---

individual investor
個人投資家

“private investor”とも呼ばれ、“retail investor”（一般投資家、小口投資家）と記されるケースもある。「機関投資家」は“institutional investor”“institutions”など。

Industrial Production Index
鉱工業生産指数

略称は“IPI”。米連邦準備制度理事会（FRB）が毎月発表。製造業や経済全般の動向が分かる。“Indices of Industrial Production = IIP”の名称で発表する国もある。

Initial Claims
新規失業保険申請件数

"unemployment insurance initial claims" "initial jobless claims" などの表現もある。米労働省（DOL）が発表する週次統計で、景気動向に敏感に反応する数字であることから、市場参加者の注目度は高い。

---

in-line
インライン、予想範囲内

株式の業種・セクター別の投資判断などで、企業の決算発表を受けて収益数値が事前予想の範囲だった場合に、アナリストがよく使う用語。

Institute for Supply Management
供給管理協会

米国の民間非営利機関で、略称は "ISM®"。製造業景況指数（Purchasing Managers' Index = PMI®）、非製造業景況指数（Non-Manufacturing Index = NMI®）を発表。月初の統計で注目度大。

---

institutional investor
機関投資家

「個人投資家」は "individual investor" "private investor"、「外国人投資家」は "foreign investor" "global investor" などと呼ばれる。

---

insured unemployment
失業保険受給者

米労働省（DOL）は失業保険申請件数を、2週間以上手当を受給している人と新規に申請した人の2種類に分けて集計しており、前者を "continued claims"（継続申請）、後者を "initial claims"（新規申請）という。

---

intraday high
日中（ザラバ）高値

"intraday"（取引時間中）に付けた高値を指す。"intraday" を "52-week" に置き換えた "52-week high" は「52週高値」となる。

intraday low
日中（ザラバ）安値

取引時間中の安値を指す。"intraday"を"52-week"に置き換えた"52-week low"は「52週安値」となる。

---

inventory
在庫

"inventories"は米供給管理協会（ISM®）が発表する製造業景況指数の調査項目の1つ。「在庫調整」は"inventory adjustment"。

---

investment in facilities
設備投資

"capital investment""plant investment""investment in plant and equipment"とも記される。経済協力開発機構（OECD）の統計では"investment"1語で「設備投資」を示している。

---

investor relations
投資家向け広報、IR

企業のウェブサイトのコーナー名としては、"investor information""investor center"のほか、"investors"1語のみの場合もある。

---

labor force
労働人口、労働力

"workforce"ともいう。米労働統計局（BLS）では"labor force participation rate"（就労率）を性、人種・民族（Race and Ethnicity）、年齢別に集計している。

---

lagging indicator
遅行指数

"lagging economic indicator""lagging economic index"とも記される。景気動向指数のうち、景気の現状に遅れて変動する指数で、失業率や法人税収入、家計消費支出などが含まれる。

latest
最新の

米労働統計局（BLS）のウェブサイトには“LATEST NUMBERS”のコーナーがあり、最新の各種統計の数値がひと目で分かる。“latest updates”は「最新アップデート」、“latest releases”は「最新リリース」、“latest three months”は「直近3カ月」の意。

leading indicator
先行指数

景気動向指数のうち、景気の現状を先取りして変動する指数。米国の指標では週平均就業時間や失業保険申請件数、コア資本財などがある。経済協力開発機構（OECD）の“Composite leading indicator”（景気先行指数）は有名。

Li Keqiang index
李克強指数

“Keqiang index”ともいわれる。中国の李克強首相がかつてGDP統計よりも信頼できると発言したことに由来、電力消費と鉄道貨物輸送量、銀行融資残高から成る指標で、経済実態を正しく反映しているとされる。名付け親は英誌『エコノミスト』。

listed company
上場企業

“public-listed company”“quoted company”とも呼ばれる。「非上場企業」は“unlisted company”“unquoted company”など。

long-term
長期の

「長期金利」は“long-term interest rate”“long-term rate”など。経済協力開発機構（OECD）は2060年までのGDP長期予測“GDP long-term forecast”を発表している。

long-term government bonds
長期国債

"long-term government securities""long-term national bonds"との表記もある。米財務省（DOT）が発行する"Treasury bonds"も長期国債であり、"T-Bond"などとも呼ばれる。

---

low for the year
年初来安値

"year-to-date low""yearly low""new low for the year""new year low"とも記される。「年初来高値」は"high for the year"。

---

margin percentage
利益率

"margins"とも記される。「営業利益率」は"operating margin""operating margin percentage"。「利益率の高い」は"high margin"、「利益率の低い」は"low margin"。

---

market cap
時価総額

"market capitalization""aggregate market price""total market value"ともいう。

---

market forecast
市場予想

"market expectation""market prediction"とも記される。「…は市場予想を下回った」は"... was lower than the market forecast"。

---

mean wage
平均賃金

ここでは"mean"は「平均の」の意。"average wage"とも書かれる。"mean annual wage"は「平均年間賃金」、"mean hourly wage"は「平均時給」。ともに米労働統計局（BLS）の調査項目にある。

minimum wage
最低賃金

“wage floor”とも記される。ユーロスタットの“Minimum wage statistics”（最低賃金統計）は月間の最低賃金を国別に掲載。

---

monetary easing
金融緩和

「量的金融緩和」は“quantitative easing”“QE”、「量的・質的金融緩和」は“quantitative-qualitative easing”“QQE”と記される。「利下げ」は“cut interest rates”“decrease interest rates”。

---

monetary tightening
金融引き締め

“credit squeeze”“financial restraint”との表現もある。「利上げ」は“raise interest rates”“increase interest rates”。

---

money supply
マネーサプライ、通貨供給量

“monetary supply”“total money supply”とも記される。経済協力開発機構（OECD）は加盟国の“monetary aggregates”（通貨供給量）を発表している。

---

month-over-month
前月比

“month-to-month”“month-on-month”“MOM”“from the previous month”とも記される。「前月比3.5％増」は“month-to-month rise of 3.5%”。「前月比２％減少」は“2% down from the previous month”。

National Bureau of Statistics of China
中国国家統計局

同統計局のウェブサイトは中国語のほか、英語でも閲覧が可能。中国全土のデータ以外に省単位のデータも参照できる。

negative interest rate
マイナス金利

"negative interest"ともいわれる。「低金利」は"low rate of interest" "low-interest rate"など。

---

net
正味、純量、ネット

"net sales"は「純売上高」。"net imports"（純輸入量）は米エネルギー情報局（EIA）の週間石油在庫統計にある項目の1つ。「純輸出量」は"net exports"。

---

new orders
新規受注

"new orders received"とも記される。米供給管理協会（ISM®）が発表する製造業景況指数の調査項目の1つ。

New York Stock Exchange
ニューヨーク証券取引所

略称は"NYSE"。通称"Big Board"（ビッグボード）。上場企業数は約2,300社で、10社ほどの日本企業も含まれる。「ニューヨーク証券取引所に上場されている」は"NYSE-listed"。

---

next release date
次回発表日

経済指標や統計などの次回発表予定日。"release date" "next release"とも記される。"upcoming news release" "release calendar"などの見出しで発表予定を一覧できるウェブサイトもある。

Nikkei 225
日経平均株価

"Nikkei 225 Stock Average" "Nikkei Stock Average" "Nikkei Share Average"とも記される。「東証株価指数」は"TOPIX" "Tokyo Stock Price Index"と表記。

NMI
非製造業景況指数

“Non-Manufacturing Index” の略。非製造業の景況感を示す指数で、米供給管理協会（ISM®）が毎月第3営業日に発表する。

---

nominal
名目の

GDP（国内総生産）統計では「名目GDP」は “nominal GDP、「実質GDP」は “real GDP”。「名目賃金」は “nominal wage”、「実質賃金」は “real wage” と記される。

---

non-commercial
投機筋

米商品先物取引委員会（CFTC）が集計・公表するIMM通貨先物ポジションで、取引参加者の分類の1つ。市場の値動きに大きなインパクトを与える主体として市場の注目度が高い。“commercial” は「実需筋」。

---

nonfarm payroll employment
非農業部門雇用者

“nonfarm” は “non-farm” とも。米労働統計局（BLS）が、原則として毎月第1金曜日に発表する雇用統計の中で、最も注目度が高い調査項目。雇用統計の “Establishment Survey Data”（事業所調査〔データ〕）に含まれる。

---

non-reportable
報告なし、報告義務のない

報告の必要がない小口投資家。米商品先物取引委員会（CFTC）が集計・公表するIMM通貨先物ポジションで分類される、取引参加者の1つ。

---

opening price
始値

“opening stock price” “open” ともいう。「終値」は “closing price”。

operating profit
営業利益

“business profit” “operating income”とも呼ばれる。「営業利益率」は “operating profit margin” “operating profit ratio” など。

opinion poll
世論調査

“poll” “opinion surevey” “public opinion survey” などとも記される。米政治情報サイト「リアル・クリア・ポリティクス」の世論調査一覧には “Race/Topic”（選挙/テーマ）、“Poll”（調査実施機関）、“Results”（結果）、“Spread”（差）の情報が並ぶ。

option trading
オプション取引

“option dealing” “option transaction” との表記もある。「通貨オプション取引」は “currency option trading”、「債券オプション取引」は “bond option trading”、「株価指数オプション取引」は “stock index option trading”。

ordinary profit
経常利益

“current profit” “ordinary income” とも記される。日本の会計基準特有の項目。日本の損益計算書において、「経常利益」に続く「特別利益」は “extraordinary income”、「特別損失」はextraordinary loss”。

overall economy
経済全般、経済全体

“overall” は「全体の」「全般的な」。米供給管理協会（ISM®）が発表する製造業景況指数の調査結果の一覧表にある項目。

per capita
1人当たりの

"GDP per capita"は「1人当たりGDP」。"per capita disposable income"は「1人当たり可処分所得」。

---

percent change
増減率、騰落率

前月や前期などと比較した数値の変化の幅（パーセント）。"annual percent change"は「年間増減率」「年間騰落率」。

Petroleum Administration for Defense Districts
国防石油行政区

略称は"PADD"。国防上の観点で石油を管理するため、米エネルギー省（DOE）が国内を東海岸の"PADD 1"から西海岸の"PADD 5"まで5地域に分けている。"PADD 1"はさらに"PADD 1A""PADD 1B""PADD 1C"の3カ所に分割。WTI原油の受け渡し地であり、在庫状況が注目されるオクラホマ州クッシングは"PADD 2"に位置する。

PMI
製造業景況指数

"Purchasing Managers' Index"。米供給管理協会（ISM®）が毎月第1営業日に発表する指標のほか、中国、ユーロ圏などのPMIもある。財新／マークイットのPMIには"Manufacturing PMI""Services PMI""Composite PMI"などがある。

---

policy interest rate
政策金利

"bank rate""official bank rate"ともいう。米国の政策金利は"federal funds rate"（フェデラルファンド金利）、英国は"bank rate"（〔イングランド銀行の〕政策金利）など。

preliminary figures
速報値

“first estimate” “flash estimate” “prelim” などの表記もある。米国の国内総生産（GDP）は速報値の発表後、改訂値 “revised figures”、確定値 “final figures” の順で更新される。2017年4-6月期の更新のタイミングは、速報7月下旬、改訂8月下旬、確定9月下旬だった。

previous close
前日終値

“previous” は「前の」「以前の」。“the previous day's closing price” “last close” などとも。

previous period
前期

“previous term” “preceding period” とも記される。「今期」は “present period” “this term”、「来期」は “next period” など。

price-earnings ratio
株価収益率

略称は “PER”。「株価純資産倍率（PBR）」は “price-book value ratio” “PBR”、「株主資本利益率」は “return on equity” “ROE”。

Producer Price Index
生産者物価指数

略称は “PPI”。米労働統計局（BLS）が発表する生産者物価指数はインフレ率の判断に使われる。ユーロスタットは “Industrial producer price index” の名称で発表。

provisional
暫定的な、仮の

「暫定値」は “provisional figures”、「暫定見通し」は “provisional estimate”。「暫定予算」は “provisional budget”。

public investment
公共投資

“investment in the public sector”とも書かれる。経済協力開発機構（OECD）の統計“Investment by sector”に部門別の投資データがあり、“general government”（一般政府）のほか、“corporate”（企業）、“household”（家計）に分かれる。

---

purchasing power parity
購買力平価

略称は“PPP”。国際通貨基金（IMF）の世界経済見通し“World Economic Outlook”には、購買力平価GDP“gross domestic product based on purchasing-power-parity”がある。

---

quantitative monetary easing
量的金融緩和

“quantitative”は「量の」「量的な」という意味。略称は“QE”。“quantitative easing”とも記される。米国の大規模な金融緩和政策については、リーマン・ショック後の2008～10年を“QE1”（量的緩和第1弾）、10～11年を“QE2”（量的緩和第2弾）、12～14年を“QE3”（量的緩和第3弾）と呼ぶ。

---

quarter
四半期

「第2四半期」なら“second quarter”“2Q”と記される。「2017年第1四半期」は“2017 quarter 1”“2017 Q1”など。

---

quarterly financial results
四半期決算

“quarterly”は「四半期ごとの」。“quarterly results”“quarterly financial reports”“quarterly settlement”などの書き方もある。

quarter-over-quarter
前期比

"quarter-to-quarter" "quarter-on-quarter" "QOQ" "Q/Q" のほか、"from the previous quarter" などとも記される。「前期比5%増」は "increased 5% quarter-over-quarter"。「前期比2%上昇」は "up 2% from the previous quarter"。

---

quoted in ...
~建て

「ドル建て」は "quoted in dollars"。"dollar-denominated" などとも記される。「ドル建て債」は "dollar bonds" 「ドル建てで」は "on a dollar basis"。

---

real
実質の

「実質GDP」は "real GDP"、「名目GDP」は "nominal GDP。"in real terms" は「実質的に」。"increase by 3% in real terms" は「実質3%増加する」。

---

real interest rate
実質金利

「実質金利がマイナスになっている」は "real interest rates have been negative"。「名目金利」は "nominal interest rate"。

RealClearPolitics
リアル・クリア・ポリティクス

米国の世論調査を多数掲載する政治情報サイト。注目度の高い大統領の支持率は、例えばトランプ大統領の場合は "President Trump Job Approval" という名称で公表されている。

---

record high
史上最高値

"all-time high" "historic high" とも記される。「最高値を記録する」は "hit a record high"。「新高値」は "new high"。

record low
史上最安値

"all-time low" "historic low" とも記される。「最安値を記録した」は "reached a record low"、「新安値」は "new low"。

---

recovery
回復

「景気回復」は "economic recovery" "recovery in the economy" など。「景気後退」は "economic recession"、「景気停滞」は "economic stagnation"。「株価の回復」は "recovery of stock prices"。

---

refinery
精製所、製油所

米エネルギー情報局（EIA）の週間石油在庫統計で、カテゴリーの1つである "refinery activity" は製油所の精製状況を示す。

---

residential mortgage-backed securities
モーゲージ担保証券、住宅ローン担保証券

"residential mortgage" は「住宅ローン」を指す。略称は "RMBS"。"mortgage backed securities" "MBS" とも記され、"mortgage" だけでも「住宅ローン」の意味になる。

---

retail prices
小売価格

米エネルギー情報局（EIA）の週間石油在庫統計にあるカテゴリーの1つ。"motor gasoline"（ガソリン）、"on-highway diesel fuel"（オンハイウエー軽油）の2種類に大きく分けて価格を掲載。"motor gasoline" には "regular"（レギュラー）、"midgrade"（ミッドグレード）、"premium"（プレミアム）などがある。「卸売価格」は "wholesale prices"。

retail sales index
小売売上高指数

百貨店やスーパーなどの小売・サービス業の売上額を月次でまとめた指標で、個人消費の動向を把握するための重要指標。各国が発表しているが、米国では商務省（DOC）が“Advance Monthly Sales for Retail and Food Services”（小売・食品サービスの月間売上高速報）の名称で毎月発表。特に1月発表分は前年のクリスマス商戦の状況を探る上で重要視されている。

---

revised figures
改訂値、修正値

当初発表を改訂した数値。ユーロスタットでは、“provisional data”（暫定データ）や誤りなどを改訂することを明言していて、大きな改訂はプレスリリースとともに公表する。

---

rig count
リグカウント、リグ稼働数

“rig” は石油などを掘削する装置。“rig count” は掘削設備の稼働数。米国のベーカー・ヒューズ社はウェブサイト上で “Baker Hughes Rig Count” という名称で毎週発表している。

---

sample
標本（調査対象）

世論調査などで使われる用語。米政治情報サイト「リアル・クリア・ポリティクス」の世論調査では、“sample” 欄に対象者数と “LV” “RV” “A” のアルファベットが掲載されている。“LV = likely voters” は有望な有権者、“RV = registered voters” は登録済み有権者、“A = all adults” はすべての成人。

seasonally adjusted
季節調整済みの

雇用や貿易など米国の重要経済統計などに見られる頻出語句。表組みでは略称“SA”“S.A.”も使われる。季節調整していない数値は“not seasonally adjusted”という。

SEC filings
米SEC提出書類

“SEC”（米証券取引委員会）に提出した財務諸表やその他書類を指す。多くの米上場企業のウェブサイトでは、IRコーナーで一連の書類が閲覧可能。

---

second half
下期、下半期

“2H”や“H2”“second half of the year”“second half of the fiscal year”との表現もある。「上期」は“first half”“1H”“H1”など。

---

share price
株価

“stock price”とも記される。経済協力開発機構（OECD）の統計項目に“share prices”があり、全加盟国や各国の指数がチェック可能。

---

shareholder distribution
株主構成

“shareholder composition”ともいう。「持ち株」は“shares held”。米国の上場企業の場合、米証券取引委員会（SEC）に提出する書類の1つ“DEF 14A”で大株主を調べられる。

---

shareholders' meeting
株主総会

“stockholders' meeting”なども。「定時株主総会」は“annual shareholders' meeting”、「臨時株主総会」は“special shareholders' meeting”“extraordinary meeting of shareholders”。

short-term
短期

「短期金利」は"short-term interest rate"のほか、"short rate"とも。「短期金融市場」は"short-term credit market"。「中期の」は"medium-term"。

---

short-term government bonds
短期国債

"short-term national bonds"とも記される。米財務省短期証券の"Treasury bill"も短期国債。"T-bill"などともいう。

---

sovereign wealth fund
政府系ファンド、主権国家資産ファンド

略称は"SWF"。世界最大規模の政府系ファンドは"Government Pension Fund Global"(ノルウェー政府年金基金グローバル)で、運用資産はおよそ100兆円とされる。

---

spot
現物

「現物価格」は"spot price"。「現物取引」は"spot trading""spot transaction"など。「先物」は"futures"。

---

spread
差

政権支持率調査では支持・不支持の比率差をいう。米政治情報サイト「リアル・クリア・ポリティクス」の調査では、結果が同じ場合"tie"と記述。石油関連・化学企業では、原料価格と製品価格の差を指す用語として使われる。

---

stable growth
安定成長

経済協力開発機構(OECD)の景気先行指数(CLI)で使われる景気局面の表現の1つ。ほかに"growth gaining"(成長加速)"easing growth"(成長鈍化)などがある。

stagnation
停滞

「景気停滞」は“economic stagnation”。「景気回復」は“economic recovery”。「マーケットの不振」は“stagnation in the market”。

---

statistics
統計

「貿易統計」は“foreign trade statistics”。「人口統計」は“population statistics”。「統計データベース」は“statistical database”。

---

stock quote
株式市況

米上場企業のウェブサイトで、投資家向けページにある株価情報のコーナー名にもなっている。“stock price”との表現もある。株価“price”、前日比“change”、出来高“volume”などの最新データが得られる。

---

stocks
在庫、備蓄

“stocks”（在庫）は、米エネルギー情報局（EIA）の週間石油在庫統計にあるカテゴリーの1つで、“crude oil”（原油）、“motor gasoline”（ガソリン）などの在庫量を掲載している。“stocks”の詳細は別表にまとめられていて、地域“area”や細かい製品“product”別に確認できる。

---

strategic petroleum reserve
戦略石油備蓄

略称は“SPR”。米エネルギー情報局（EIA）の週間石油在庫統計では戦略石油備蓄とそれ以外を分けて集計。戦略石油備蓄を含む数値かどうかを“excluding SPR”（含まない）、“including SPR”（含む）と記述している。

supplier deliveries
入荷遅延

米供給管理協会（ISM®）が発表する製造業景況指数の調査項目の1つ。"slower"（遅くなった）、"same"（変わらない）、"faster"（早くなった）の各回答数をもとに指数化している。

---

ticker symbol
ティッカーシンボル

日本で上場企業に付与される証券コードに相当。"symbol" と省略される場合もある。アルファベット5文字までの組み合わせで、古参企業には"F"（フォード・モーター）、"V"（ビザ）など1文字もある。

---

trade balance
貿易収支

"balance of trade" "visible balance" "trade gap" などともいう。「貿易・サービス収支」は "balance of goods and services" "BOGS"。

---

trade deficit
貿易赤字

"trade loss" とも記される。貿易収支、財政収支の双方が赤字のいわゆる「双子の赤字」は "twin deficit" "double deficit"。

---

trade surplus
貿易黒字

「対米貿易黒字」は "trade surplus with the U.S."。「B国の貿易黒字が増加する」は "B's trade surplus increases"。「貿易不均衡」は "trade imbalance"。

---

trading volume
出来高、売買高

"volume" "turnover" などとも。「平均出来高」は "average volume"。「出来高は20億株だった」は "the volume was 2 billion shares"。

U.S. Bureau of Labor Statistics
米労働統計局

米労働省（DOL）の部局の1つ。略称は“BLS”。雇用統計のほか、消費者物価指数、生産者物価指数、輸出物価指数などを調査・集計・発表している。

U.S. Commodity Futures Trading Commission
米商品先物取引委員会

米国内の先物取引を監督する政府機関。同委員会が集計・公表するIMM通貨先物ポジションは、為替相場に対する投機筋の相場観を推測する数値として注目度が高い。

U.S. Energy Information Administration
米エネルギー情報局

米エネルギー省（DOE）の部局の1つ。略称は“EIA”。毎週水曜日に発表する前週金曜日時点の週間石油在庫統計は、ニューヨーク原油先物の値動きに影響を及ぼす重要統計。

U.S. Securities and Exchange Commission
米証券取引委員会

略称は“SEC”。英国の証券取引監督機関は“Financial Conduct Authority = FCA”（金融行動監視機構）。日本は“Securities and Exchange Surveillance Commission = SESC”（証券取引等監視委員会）。

---

unconventional
非伝統的な

グローバル化の進展でインフレが起きにくく、低金利が慢性化する中、政策金利の変更だけでは景気を刺激しにくくなったため、日米欧の中央銀行が量的緩和、資産買い入れなど従来と異なる政策を導入。「非伝統的な金融政策」“unconventional monetary policy”と呼ばれる。

Unemployment Insurance Weekly Claims
週間失業保険申請件数

米労働省（DOL）が毎週木曜日に発表するデータ。新規申請は“Initial Claims”、失業保険の新規申請件数は“initial claims for unemployment insurance”あるいは“initial unemployment claims”。失業保険申請は“jobless claims”ともいう。

unemployment rate
失業率

“jobless rate”との表記もある。日本を含む世界各国が発表しているが、投資の世界では米国の注目度が最も高い。「完全失業率」は“overall unemployment rate”“total unemployment rate”。

unlisted company
非上場企業

“unquoted company”とも。「非上場株」は“unlisted share”“unlisted stock”。「上場企業」は“listed company”“quoted company”など。

updated
更新された

最終更新日は“last updated date”。更新頻度は“update frequency”“frequency of update”など。

upward revision
上方修正

“upward adjustment”との表記もあり、単に“raise”とも書かれる。「上方修正された」は“upwardly revised”。「下方修正」は“downward revision”や“cut”など。

VIX
ボラティリティー・インデックス

“Volatility Index”の略。米シカゴ・オプション取引所（CBOE）が算出・公表。投資家心理のリスク許容度の変化を映す指標で、「VIX（ヴィックス）」「恐怖指数」とも呼ばれる。

Weekly Petroleum Status Report
週間石油在庫統計

米エネルギー情報局（EIA）が発表する統計。週間ベースで米製油所の精製状況“refinery activity”や供給“products supplied”、原油輸入の状況“net imports”、在庫“stocks”や価格“prices”の推移が分かる。

WTI
ウエスト・テキサス・インターミディエート

“West Texas Intermediate”の略。米国南部のテキサス、ニューメキシコ両州で産出される原油の総称。ニューヨーク・マーカンタイル取引所（NYMEX）に上場するWTI原油先物は原油価格の代表的指標。

---

year-over-year
前年比、前年度比

“year-on-year”“year-to-year”“YoY”とも記される。“increased 5% year-over-year”で「前年比5%増加した」。「前年同期比」「前年同月比」の意味で使われるケースもある。

---

year-to-date
年初来

「今年／今年度の初日から特定の日まで」という意味。略称は“YTD”。“year-to-date low”は「年初来の安値」。

---

yield
利回り

“yield rate”とも。「低利回りの」は“low-yield”、「高利回りの」は“high-yield”。

---

zero interest rate policy
ゼロ金利政策

政策目標金利をほぼゼロにする金融政策。“zero interest policy”と記されることもある。「ゼロ金利政策を解除した」は“lifted the zero interest rate policy”“got (moved) off zero interest”。

「経済・金融関連用語リスト200」の日本語索引

【漢字：さ行】

【漢字：た行】

【漢字：な行】

【漢字：は行】

【漢字：ま・や・ら・わ行】

北都 光（ほくと・ひかる）

経済ジャーナリスト。記者として30年あまりにわたり金融市場、国際情勢、産業を取材。米国に駐在し、ニューヨーク・ウォール街の動きをフォローしていた経験もある。来日した海外の金融機関の運用責任者にインタビューする機会も多い。

英語の経済指標・情報の読み方

発行日　2018年1月17日（初版）

著者　北都 光
編集　株式会社アルク 出版編集部
編集協力　野田泰弘（有限会社ルーベック）
翻訳　寺田容子
校正　大塚智美
英文校正　Peter Branscombe
デザイン　冨澤 崇（EBranch）
DTP　株式会社秀文社
印刷・製本　萩原印刷株式会社

発行者　平本照麿
発行所　株式会社アルク
〒102-0073 東京都千代田区九段北4-2-6　市ヶ谷ビル
TEL：03-3556-5501
FAX：03-3556-1370
Email：csss@alc.co.jp
Website：https://www.alc.co.jp/

Printed in Japan.
PC：7018004
ISBN：978-4-7574-3044-0